JN215272

繊細さんが「自分のまま」で生きる本

繊細さは幸せへのコンパス

武田友紀 Takeda Yuki

はじめに

繊細さと心を大切に、自分のままで生きる

この本は、繊細な人が「自分のまま」で生きる道のりを書いた本です。ストレスに耐えてがんばり続けるのではなく、繊細さや心を大切に生きるにはどうしたらいいのかを書きました。

ひといちばい感じ、深く考え、味わう。

繊細さは、幸せを感じるための大切なセンサーです。

一方で、繊細な人は感じる力が強いため、ストレスも感じやすい傾向にあります。ストレスフルな社会の中で「自分のまま」で生きるなんて、本当にできるの？と思われるかもしれません。ですが、**繊細な感性を持ったまま、今よりももっと自分のままで人や社会と関わることはできるのです。**

なぜそう言い切れるのか。それは私自身が繊細さと真剣に向き合ってきた経験と、繊細な人向けの専門カウンセラーとして700名を超える人々から相談を受ける中で、たくさんの繊細

な人々が自分らしい人生を取り戻していったからです。

仕事や人間関係で傷ついて「組織で働くのはもう無理かもしれない」とご相談にいらっしゃった方が、会社を辞めてゆっくり休むうちに自分を取り戻し、「人って優しいんですね。まわりの人に助けられています」と穏やかに働けるようになる。

忙しい職場で「もっと強くならなきゃ」とがんばるばかりだった相談者さんが、やりたいことを振り返り、転職して「仕事が楽しいです！」とお便りをくださる……。

繊細な人が自分のままで生きる鍵は、2つあります。

1つめは、自分の本音をキャッチできるようになること。2つめは、「感じていたらやっていけない」とふさいでいた繊細な感性を復活させることです。

繊細な人に必要なのは、ストレスに耐え続けることでも鈍感になることでもありません。生まれ持った繊細さを大切に、本音と感性を育てることで、どんどん元気になっていくのです。

効率やスピード重視の社会の中で「もっとタフにならなきゃ」とがんばり続けていないでしょうか。

かつての私もそのひとりです。会社員時代は夜中まで働く日々。つらい気持ちよりもやるべきことのほうが優先で、「もっとできるようにならなきゃ」「同僚たちもがんばっているんだから」と自分に鞭打《むちう》って働きました。入社6年めのある朝、ぷつりと糸が切れたように会社に行けなくなりました。心を置いてきぼりにしてがんばり続ける生き方に限界がきたのです。

休職し、家にこもる中で、自分がＨＳＰという「生まれつき繊細な気質」なのだと知り、自分のままで生きるにはどうしたらいいのかを模索し始めたことで、人生が大きく変わりました。

穏やかに満たされる人間関係を築けるようになり、仕事でも肩の力を抜いて、のびのびと働けるようになったのです。

なにより嬉しいのは、感性を全開にできるようになったことです。「空がきれいだな」「このお店はすごくいい空気だな」といった日常の中の幸せをめいっぱい感じるようになり、まわりの人や環境から喜びをもらえるようになったのです。

この本には、自分のままで生きるまでに起こることや、葛藤《かっとう》を越えていくためのヒントを書いています。悩んだ時、「いま自分はどこにいるのかな」「どっちに向かえばいいんだろう?」とガイドブックのようにご覧いただけたらと思います。

がんばり続ける生き方から、自分のままでのびのびと人や社会と関わる生き方へ。さぁ、歩いていきましょう。

STEP1

第3章 しんどい状況から脱出する

STEP2

第4章 心を守り、本来の自分を育てる

STEP3

第5章 決断し、自分のままで人や社会と関わる

第 1 章

繊細さんとは

繊細さんってどんな人？

「人と長時間一緒にいると、疲れてしまう」

「まわりに機嫌が悪い人がいると緊張する」

「細かいところまで気づいてしまい、仕事に時間がかかる」

「疲れやすくて、ストレスが体調に出やすい」

　こういったことはないでしょうか。まわりの人が気づかない小さなことにもよく気づく、繊細な人たちがいます。


　繊細な人たちの感じやすい性質は、長らく「気にしすぎ」「真面目すぎる」など、個人の性格によるものだと誤解されてきました。ところが、アメリカの心理学者エレイン・アーロン博士が行った調査により「生まれつき繊細な人（HSP）」が5人に1人の割合で存在することがわかってきました。繊細さは生まれ持った気質であり、生まれつき背の高い人がいるように「生まれつき繊細な人」がいることがわかってきたのです。

HSP（Highly Sensitive Person）は、日本語で「とても敏感な人」「敏感すぎる人」と訳されていますが、この気質を「いいもの」としてとらえ、私は「繊細さん」と呼んでいます。

アーロン博士によると、繊細な人とそうでない人（この本では非・繊細さんと呼びます）は、脳の神経システムにちがいがあるといいます。光や音などの刺激を受けた時、どのくらい神経システムが高ぶるかは人によって差があり、繊細な人は非・繊細さんよりも、刺激に対して敏感に反応するのだそうです。

馬やサルなどの高等動物も、全体の15〜20パーセントは刺激に対して敏感で、種として生き延びるために、慎重な個体が生まれたのではないかと考えられています。

また、繊細さは赤ん坊の頃からだという調査もあります。

ハーバード大学の心理学者ジェローム・ケイガン氏の調査によ

ると、約20%の赤ん坊は、同じ刺激を受けても手足を大きく動かし、背中を弓なりにして泣くなど、刺激に対して鋭く反応するのだといいます。

繊細さんが感じる対象は多岐にわたります。人の感情、場の雰囲気、光や音、気温の変化など「自分の外側にあるもの」はもちろん、体調や自分の気持ち、新しく思いついたアイデアなど「自分の内側で起きていること」もよく感じ取ります。

音に敏感な人もいれば、人の気持ちに敏感な人もいて、感じる対象や程度には個人差がありますが、繊細さは、人間関係や仕事、体調など生きる上でのベースになっているのです。

では、どんな人が「繊細さん」なのでしょうか。

アーロン博士によるＨＳＰ自己テストをご紹介します。

次の質問に、感じたまま答えてください。少しでも当てはまるのなら「はい」と答えてください。まったく当てはまらないか、あまり当てはまらない場合に「いいえ」と答えてください。

・自分をとりまく環境の微妙な変化によく気づくほうだ
・他人の気分に左右される
・痛みにとても敏感である
・忙しい日々が続くと、ベッドや暗い部屋などプライバシーが得られ、刺激から逃れられる場所にひきこもりたくなる
・カフェインに敏感に反応する
・明るい光や強い匂い、ざらざらした布地、サイレンの音などに圧倒されやすい
・豊かな想像力を持ち、空想に耽《ふけ》りやすい
・騒音に悩まされやすい

・美術や音楽に深く心動かされる
・とても良心的である
・すぐにびっくりする（仰天する）
・短期間にたくさんのことをしなければならない時、混乱してしまう
・人が何かで不快な思いをしている時、どうすれば快適になるかすぐに気づく（たとえば電灯の明るさを調節したり、席を替えるなど）
・一度にたくさんのことを頼まれるのがイヤだ
・ミスをしたり、物を忘れたりしないよういつも気をつける
・暴力的な映画やテレビ番組は見ないようにしている
・あまりにもたくさんのことが自分のまわりで起こっていると、不快になり神経が高ぶる
・空腹になると、集中できないとか気分が悪くなるといった強い反応が起こる

- 生活に変化があると混乱する
- デリケートな香りや味、音、音楽などを好む
- 動揺するような状況を避けることを、普段の生活で最優先している
- 仕事をする時、競争させられたり、観察されていると、緊張し、いつもの実力を発揮できなくなる
- 子供のころ、親や教師は自分のことを「敏感だ」とか「内気だ」と思っていた

以上の質問のうち十二個以上に「はい」と答えたあなたはおそらくＨＳＰでしょう。しかし、どの心理テストも、実際の生活の中での経験よりは不正確です。たとえ「はい」がひとつかふたつしかなくても、その度合いが極端に強ければ、そんなあなたもＨＳＰかもしれません。（出典：エレイン・Ｎ・アーロン著　冨田香里訳『ささいなことにもすぐに「動揺」してしまうあなたへ。』講談社）

繊細さんの4つの性質。気質は変わらなくても悩みは軽くなる

アーロン博士によると、この気質の根底には以下の4つの面（DOES）が必ず存在するそうです。4つのうち1つでも当てはまらない場合には、おそらく「繊細さん」ではありません。

・D―深く処理する（深く考える）　Depth

様々なことを瞬時に感じ、他の人が通常考えない深さまで考える。複雑なことや細かなことに目を向け、表面的なことよりも本質的なことを考える傾向にある。

・O―過剰に刺激を受けやすい　Overstimulation

ひといちばい気がつき処理するため、人よりも早く疲労を感じやすい。大きな音や光、暑さや寒さ、痛みなどに敏感だったり、楽しいイベントでも刺激を受けすぎて疲れたり、興奮して目が冴えて眠れなかったりする。感じすぎた刺激を流すため

に、ひとりの時間や静かな時間が必要。

・E―感情反応が強く、共感力が高い　Emotional & Empathy

共感力が強く、他者の意思や気持ちを察しやすい。HSPは非HSPよりもミラーニューロン（共感を生む働きをするといわれている神経細胞）の活動が活発だといわれている。事故や事件のニュース、暴力的な映画などが苦手な傾向にある。

・S―ささいな刺激を察知する　Subtlety

小さな音、かすかな匂い、相手の声のトーンや視線、自分を笑ったこと、ちょっとした励ましなど、細かなことに気づく。気づく対象は様々で個人差がある。

（エレイン・N・アーロン著『ひといちばい敏感な子』、明橋大二著『HSCの子育てハッピーアドバイス』（ともに1万年堂出版）などをもとに著者作成、一部追記）

これらの4つの性質は生まれ持ったものであり、大人になっても変わることはありません。ですが、これは「悩みは一生変わらない」という意味ではありません。

というのも、カウンセリングの経験上、繊細さんの悩みは

・世間の声やまわりのニーズを察しやすいがゆえに、自分よりもまわりを優先してしまう

・自分に合わない環境にいる

・繊細さとの付き合い方がわからない

など二次的な要因が大きいのです。

繊細さとの付き合い方を知り、本音と感性を大切にすることで、悩みはどんどん軽くなっていきます。どうかご安心下さいね。

（繊細さとの付き合い方は、拙著『「気がつきすぎて疲れる」が驚くほどなくなる「繊細さん」の本』（飛鳥新社）にまとめています。あわせてご覧ください）

感じる力が強いからこそ、環境選びが大切

寒さ、暑さの一方だけを感じることができないように、繊細さんの感性も「いいもの」だけを抜き出して感じることはできません。痛みであっても心地よさであっても、遭遇すれば半自動的にキャッチしてしまうのです。

ですから、繊細さんが元気に生きるには、自分がいる環境を自分で選ぶことが本当に大切です。

繊細な感性をコンパスに自分にとっていいもの・悪いものを見分け、自分に合う人間関係や職場環境に身をおく。

「私はこれが好き」「こうしたい」という自分の本音をどれだけ大切にできるかが勝負どころなのです。

繊細さの素敵なところ

繊細さは、本来、毎日の中で深い喜びを感じられる気質です。

まわりの人のちょっとした笑顔にほっこりし、いつもの帰り道、空の色合いにじーんとする。

絵画や音楽に深く心を揺さぶられ、おいしい食べ物や丁寧に作られた器を手にしては、作り手の想いに思いを馳せる……。

身のまわりにある「いいもの」に気づき、全身で深く味わう。まわりの人や物、植物、動物たちから嬉しさをもらって、身も心もふっくらする。

これが繊細さんの気質がもたらす「いいこと」です。

ひといちばい感じ、深く考え、味わえる。この気質は、喜びをふんだんにキャッチできる幸せの素なのです。

Cafee

自分のままで生きる道のり

自分のままでのびのびと生きるまでに、繊細さんはどんな道のりを通るのでしょうか。おおまかには

1―環境への適応によって行き詰まりが起こる
2―心を守り、本来の自分を育てる
3―自分のままで、人や社会に関わる

という3段階です。

1―環境への適応によって行き詰まりが起こる

まわりの人や職場などの環境に適応しようとして無理が続き、本来の自分からあまりにも離れてしまうと、働くことがつらくなったり、人間関係でトラブルが起こったりと行き詰まりが起こります。行き詰まることによって、「なにかがおかしい」「こんなのはもうイヤだ」と思うようになり、そこから、自分なりの生き方を模索し始めます。（詳しくは3章へ）

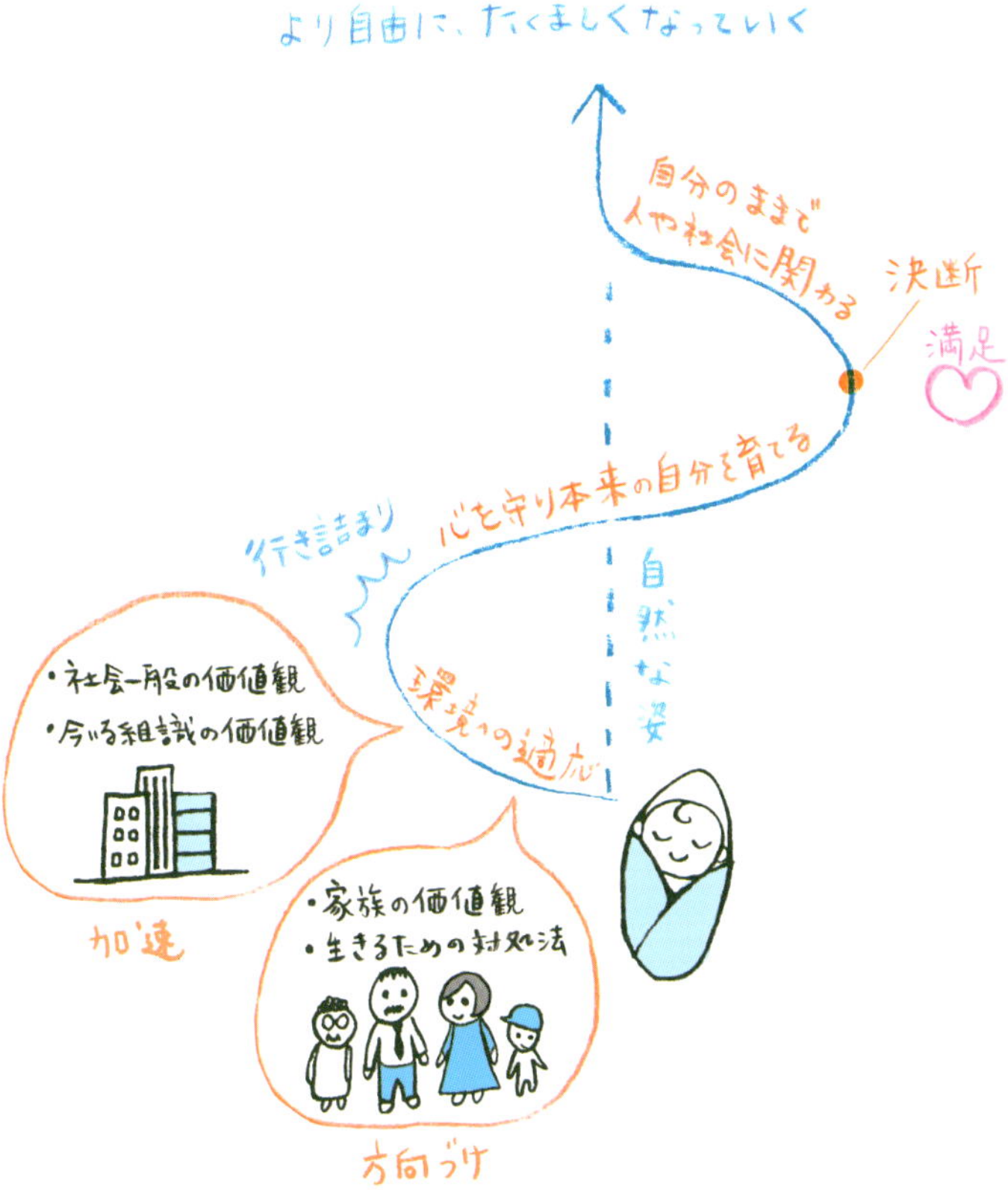

より自由に、たくましくなっていく
自分のままで
人や社会に関わる
決断
満足
心を守り本来の自分を育てる
行き詰まり
自然な姿
・社会一般の価値観
・今いる組識の価値観
環境への適応
加速
・家族の価値観
・生きるための対処法
方向づけ

2―心を守り、本来の自分を育てる

ストレスから距離をとり、休んだり遊んだりしながら自分なりの生き方を模索します。がんばり続けてきた人はのんびりした時間を多めにとるなど、これまでの価値観とは反対のことも大切にしていきます。

本音と感性を大切にしながら休んだり遊んだりすることで、「本来の自分」が育ちます。自分が本当はどんな人間なのか、なにをしたいのかが、みえてくるのです。（詳しくは4章へ）

3―自分のままで、人や社会に関わる

プライベートの範囲で「本来の自分」を育てたら、その自分のままで、人や社会の中に出ていきます。

「本来の自分」を育てると、繊細さんはたくましくなります。

・自分の本音を大切にできるようになることで、まわりのニーズを繊細に感じながらも人や社会に揺さぶられにくくなる。
・繊細な感性をコンパスに自分に合うことをたっぷりやることで、これまでの価値観から自由になり、選択の幅が広がる。

この2つにより、今までよりももう一段階「自分のまま」で人や社会と関われるようになるのです。（詳しくは5章へ）

なお、行き詰まるのは「繊細さんだから」ではありません。本書では、繊細さんの気質や悩みがちなポイントをふまえて、自分のままで生きる道のりをお伝えしていきますが、「自分のいる環境に適応しようとし、環境で合わないところがあれば葛藤して、自分なりの生き方をみつけようとする」という道のりは非・繊細さんにも共通するものです。

悩む時期、心はまるで種のよう

自分のままで生きるまでに、必ず、悩む時期を通ります。

悩む時期、心はまるで地中の種のようです。
真っ暗な地面の中でまわりが見えないし、どちらに行くべきかもわからない。「早く何とかしなきゃ」と思うこともあるかもしれません。

そんな時でも、焦らなくて大丈夫。
人間は、幸せに向かって歩いていく生き物です。

地中の種が、誰に教わらずとも空に向かって芽を出すように、人間にも「幸せな方向」を見分ける嗅覚が備わっています。それが「本音」と「感性」なのです。

山ありで谷ありで、幸せに向かっていく

自分のままで生きる道のりは、決して平坦ではありません。避けようのない困難に遭遇することもあるし、「こっちの方向じゃないのに」とわかっていながら進んでしまうこともあるでしょう。

山あり谷ありで、幸せへ向かって生きていく。それが、感情と過去を持つ人間の姿なのだと思います。アップダウンのある道のりを歩くことで、痛みを知っている強さと、まわりへのあたたかい眼差しを併せ持つ、厚みのある人間になっていくのです。

悩んだ時には、「私には幸せなほうへ歩く力があるんだ」ということを、どうか思い出してくださいね。

第 2 章

自分のままで生きる基本

自分のままで生きる鍵は「本音」と「感性」

この章では、自分のままで生きるための基本をお伝えしていきます。基本をおさえることで、迷った時や悩んだ時に、自分らしい生き方の方向を見分けやすくなりますよ。

繊細さんが自分のままで生きる鍵は、2つあります。
1つめは、自分の本音をキャッチできるようになること。
2つめは、「感じてたらやっていけない」とふさいでいた「感じる力」――繊細な感性――を復活させることです。

繊細さんは本来、感じることに長《た》けています。幼い頃からひといちばいい感じ、その経験が自分の中に蓄積されているので「なんだかいい感じ」「これは違う気がする」といった「なんとなく」のかたちで、自分に合うかどうかを感じているのです。

ところが、ストレスフルな環境にいると「刺激が多すぎて、感じていたらつらい」「細かいことは気にせずどんどん進めなきゃ」と、持ち前の感性を封じてしまいます。まわりのニーズに応えるうちに自分の本音がわからなくなる、といったことも起こります。

自分のままで生きるには、

・まわりのニーズや世間の声を感じやすいからこそ、立ち止まって自分の本音を確認する。

・「なんだかいいな」と感じたことをやってみて、自分に合うものを見分ける感性を復活させる。

という2つが必要です。毎日の生活の中で取り組んでいると、少しずつ、持ち前の本音と感性が復活してきます。

「自分はなにが好きで、なにがイヤなのか。どんな風に生きていきたいのか」がみえてくるのです。

思考・本音・本当の望み

本音をキャッチするといっても、頭に浮かぶいくつもの考えのうち、一体どれが本音なのでしょうか。

精神科医の泉谷閑示《いずみやかんじ》氏は、人間を「頭」「心・身体」に分けて解説しています。「頭」は理性の場で、なんでもコントロールしたがる傾向にあり「～すべき」「～してはいけない」という言い方をする。「心」は感情や欲求、感覚（直観）の場であり、「今・ここ」に焦点をあてて「～したい」「～したくない」「好き」「嫌い」などの言葉を使う。「心」と「身体」は一心同体につながっていて、頭が心に対してフタをしてしまうと、頭に聞き入れられなかった心の声が症状として身体に表れる、というのです。（泉谷閑示著『「普通がいい」という病』講談社より要約）

泉谷氏の思想をヒントにカウンセリングを行う中で、私は左図のイメージを持つようになりました。「思考」「本音」「本当の望み」が層状になっているイメージです。

- 思考(頭)=こうすべき、こうした方がうまくいく
  自分が悪い、相手が悪い
- 本音(心)=好き・キライ・イヤ!・こうしたい!
- 本当の望み(人間の本質)=ぽかぽか

〈仕事での例〉

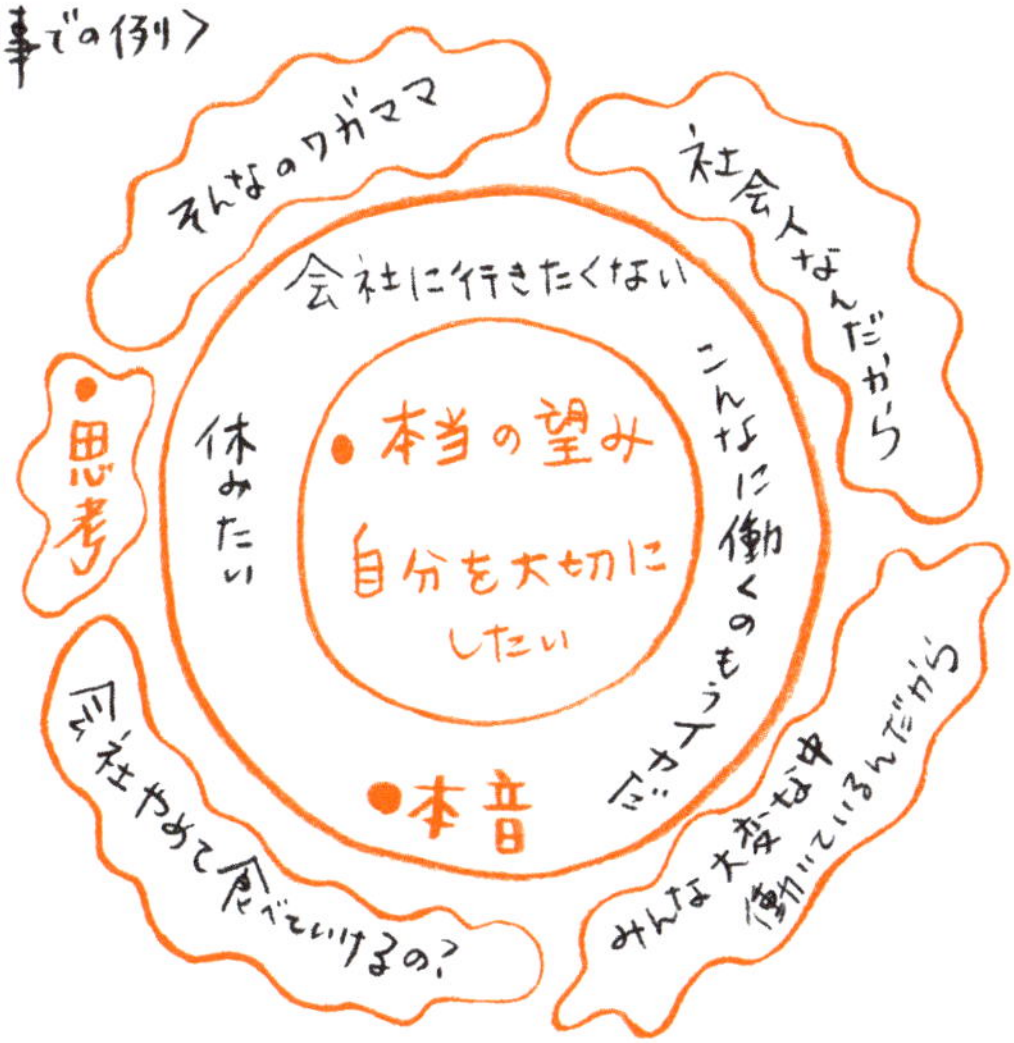

「イヤだ」「つらい」を受け止めると人生が動き出す

本音の中でも大切なものに「イヤだ」「つらい」があります。

本音は「受け止めた時にほっとする」性質を持っています。

たとえば「会社がつらい」と思ったとして「そっか、つらいんだね」と受け止めてもらえると、ほっとしますね。

「あの人が苦手。距離をおきたい」などの一見ネガティブな気持ちでも、距離をおいた時を想像してほっとするのなら、それが今の本音なのです。


自分のままで生きるには、「イヤだ」「つらい」という本音を怖がらないでほしいのです。


「まわりと上手にやっていくには、こうしたほうがいい」

「社会人なんだから／親なんだからこれくらいできなくちゃ」

「弱音を吐かずに、ひとりでなんとかしなきゃ」

といった〝べき思考〟からみれば、本音はワガママに思えるかもしれません。けれど、よく耳をかたむけてみれば、本音は人間として当たり前のことを言っています。

「つらいなんて甘えてる」「自分がもっとうまくできたら」と抑えつけるのではなく、どんな本音も、腹を決めて「うん、うん。そうなんだね」と受け止めてあげてください。

すると、やがて「本当はもっと自分を大切にしたい」「本当はもっと家族と過ごしたい」など、「本当は」から始まるぽかぽかした望みが出てきます。

「本音」の奥には「本当の望み」が眠っています。

思い切って本音を受け止めることで、心の底から望んでいることがみえてきます。「本当の望み」を自覚した時、力が湧き、実現に向けて動き出すことができるのです。

本音を知る方法（1）言葉を手がかりにする

「こうしたほうがうまくいく」
「こうしたほうが、まわりの人が喜ぶ」
「将来のためには、今のうちにこうしておいたほうが……」

など、頭で考える「こうしたほうが〇〇」に本音が覆われると、悩んで動けなくなります。頭でどんなに「こうしたほうがいい」と考えても、本音（心）ではそう思えない。頭と心がずれていると、決めきれないのです。

「こうしたほうが〇〇」が浮かんだら、それは〝べき思考〟かもしれません。「～したほうがいいよね」「～しなくていいのかな」「普通は～するよね」などのやんわりした表現になっていると気づきにくいのですが、実質的には「～すべき」として自分を制限していることもよくあるのです。

繊細さんは世間の声やまわりのニーズを察しやすいため、自分の本音が見えにくくなっています。どれが本音でどれが世間の声なのか、注意深く見分けていきましょう。

本音を知る方法を3つご紹介します。

1つめは、言葉を手がかりに読み解く方法。

「こうしたい」と思っているのか、「こうしなきゃ」と思っているのかで、簡単に見分けることができます。

「こうしたい」は、本音の可能性がありますが、「こうしなきゃ」は世間の声。「本当はそうしたくない」ということです。

たとえば、「家でゆっくり寝ていたいけど、会社に行かなきゃ」の場合。「家でゆっくり寝ていたい」は「〜したい」なので、本音。「会社に行かなきゃ」は「〜しなきゃ」になっているので、本当は行きたくないということです。

本音を知る方法（2）
体の状態を感じる

本音を知る方法、2つめは上級編です。口では「こうしたい」と言っていても、本心ではない場合があります。たとえば「資格の勉強をしたいけど、なかなか手が伸びない」などです。

「〜したい」と言いつつ体が動かない時は、「〜したい」とつぶやいてみて、その時の体の状態を感じてみましょう。

・窮屈な感じがする
・暗い気持ちになる
・義務感がある

のならば、何かがひっかかっています。本当はやりたくないのかもしれないし、やりたいことと部分的にズレているのかもしれません。「本当は、どうしたい？」「理想の状態はどんなだろう？」と自分にたずねてみてください。

本音は、受け止めた時にほっと安心する・ふわっと心が軽くなる・楽しみになるなど自然で明るい感じがするものです。

「仕事でもっと成果を出したい」「将来のために資格をとりたい」「自分を傷つけた相手に仕返ししたい」などと思ったとして、それを想像した時、心がぎゅっと固くなる感じや、消耗する感じ、切迫感、ギラギラ感、強い高揚感があるのなら、それは本音ではありません。言葉としては「〜したい」であっても、実態は「〜すべき」という思考です。

特に、ギラギラ感や強い高揚感には注意が必要です。

これらは一見ワクワクと似ていますが、全く別のもの。過去の飢えを満たそうとする「渇望」や、「○○ができる私であれば、生きていてもいい！（○○ができない私は、生きていてはいけない）」といった自分への厳しい条件であり、「ありのままの私で大丈夫」という安心感とは逆方向なのです。

本音を知る方法（3）
自分と対話する

本音を知る方法、3つめです。「迷っていることがあるけれど、どうしたいのか自分でもよくわからない」という場合は、幼い自分をイメージしてその子に聞いてみましょう。

これは自分の本音と直接対話できる、強力な方法です。心の中から反応が返ってきますよ。

1　おなかのあたりにぐーっと意識を集中して、幼い頃の自分をイメージします。

想像する年齢は2歳〜15歳ぐらい。「この頃の自分はまわりを気にせず自由に生きていたな」と思える年齢にします。特におすすめするのは、イヤイヤ期まっさかりの2歳。自我が芽生える頃で、誰に対しても「イヤ！」と言えていた時期です。

2　イメージした幼い自分に、迷っていることを聞いてみます。たとえば、「ねぇねぇ、勉強したい？」と聞いてみる。

幼い自分がなにやら勉強しているようなイメージが湧いたら、勉強してもOK。逆に、「ヤダ！」と言われたり、むくれて何も答えてくれなかったりするなら、イヤなのですね。

イメージしたその子こそ、自分の本心です。

幼い自分が嫌がることは、自分も本音では嫌がっています。逆に、頭では不安を感じていても、その子がニコニコしているのならやってみたいのです。その子を守る優しくてたくましい親になったつもりで、眠る・遊ぶ・チャレンジするなど、幼い自分がしたがることを叶えてあげてください。

なお、幼い自分は心そのものなので、「ヤダ！」「好き」「いいよ」など、答えは単語でしか返ってきません。「あの人のこと好き？」「勉強したい？」「挑戦してみる？」など、YES・NOで答えやすいかたちで質問するのがポイントです。

どんな子が
浮かんできましたか

「遊びたい」と訴えている

「そんなこと言わないで」「ダメでしょ」と抑えつけず、まずは「そうだよね、遊びたいよね」と同意してあげましょう。すぐに叶えるのが難しい場合も、休みの日などに叶えてあげてくださいね。

泣いている

なにか悲しいことがあったのですね。「泣いちゃダメ」「そんなことで泣くなんて」と言わずに「悲しかったんだね」と共感してあげてください。

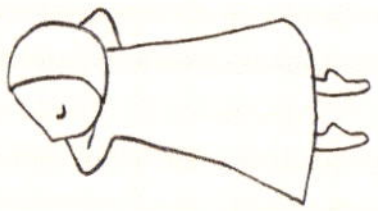

眠っている

眠りましょう。
やることが山積みでも、明日でいいことは明日に回して、早めに休んでくださいね。

笑っている

「そっか、嬉しいんだね」など、声をかけてあげてください。自分も一緒ににっこりしてしまうはず。

こちらに背を向けてすねている

子どもがすねている、むくれて返事をしてくれないなどの場合は、長い間、自分の本音を押し込めていて、心がすねてしまったのかもしれません。

一日に何度か幼い自分をイメージして、優しく「おおーい」と声をかけてあげてください。

「今、なにしてるのかな（=自分の心は、いまどんな状態かな）」と、幼い自分を見てあげるのです。

根気強く呼びかけるうちに、ぽつりぽつりと「遊びたい」「眠い」「ヤダ」など、言葉を話してくれるようになりますよ。

気持ちを話しながら進もう

自分のままで生きる道のりでは、悩んだり迷ったりする場面も多々あります。

自分と向き合う時期は、心の風通しがとっても大事。ひとりで悩むとぐるぐると堂々巡りになりやすいので、ひとりでもふたりでも、話し相手をみつけてくださいね。

カウンセラーに相談するのもいいのですが、日常の中で、毎日5分でも10分でも気持ちを話せる相手がいると、心のアップダウンを乗り越えやすくなります。

まわりの人に気持ちを話すって、難しいことじゃないんです。「今日はちょっと大変だったなぁ」「○○の仕事、どうしようかな」など日々の感想を、この人になら言っても大丈夫と思える相手に、そのままぽろっと話してみるのです。

「相談するほどのことじゃない」「がんばれば自分でなんとか

できるから」など、まだ余裕がある時こそ話してみるチャンス。論点を整理しておく必要も「このぐらいのことで」と呑み込む必要もありません。

ふだん弱音も愚痴も言わずに自力で対処してしまう人ほど、聞いてもらえた時の安心感に驚くと思います。

話したその場で悩みを解決できなくてもいいのです。

ちょっとした気持ちに耳を傾けてもらえるだけで、心がふわ〜っと軽くなります。すると、「挑戦してみようかな」「こうしてみようかな」「大丈夫そうだな」など、自分の中にある「幸せに向かう力」が発動しやすくなるのです。

ちょっとしたことでも「本音を言えた」経験が、自分の力になります。人間への信頼感が蓄積され、肩肘張らずに話せる相手がふえていきますよ。

毎日を軽やかに乗り切る、3つの魔法

自分のままで生きる道のりでは、日々の雑事は**「まぁいいか」「とりあえず」「なんとかなるさ」**で乗り切るのもポイントです。

たとえば、メールの文章を考えるうちに時間がたってしまったら「まぁいいか、とりあえずこの内容で送ってみよう。なんとかなるさ」といった具合です。

繊細さんは細かいところまで気づくからこそ、やることが多くなったり、考えすぎて動けなくなったりします。ベストな状態がわかるからこそ、ベストを実現したくなるのですね。

大切なことにじっくり取り組むためにも、日常の細々したことは「まぁいいか」と手をゆるめられるようになると、ずいぶんラクになります。

妙に時間がかかる時って、そのことで頭がいっぱいになって、他のことが見えなくなっています。

「とりあえず」は、考えすぎて動けない状態を打ち破りますし、「まぁいいか」と唱えることで、ものごとを引きずらずに、その場その場で終わらせていけます。

「なんとかなるさ」と唱えれば、大丈夫そうだと思えてきて焦らず取り組めます。

ものごとと距離をとることで、落ち着いて対処できるようになるのです。

「まぁいいか」「とりあえず」「なんとかなるさ」は、毎日を軽やかに乗り切る魔法の言葉。

困った時には〝とりあえず〟唱えてみてくださいね。

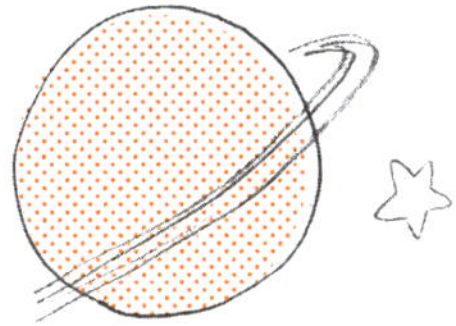

STEP1

第3章

しんどい状況から脱出する

悩みは「生き方を変える時期」のサイン

ここまで、自分のままで生きる基本をお伝えしてきましたが、3章からはいよいよ実践。「イヤだ」を取り戻し、しんどい状況から脱出していきます。

環境に適応しようとして無理が続き、本来の自分からあまりに離れると、人間関係のトラブルや仕事のつらさ、体調の悪化などが起こってきます。**行き詰まりは、「どこかで無理をしているよ」「生き方を変える時期だよ」というサインなのです。**

ですがそもそも、なぜ行き詰まるのでしょうか。

私のカウンセリングの経験上、よくみられるのは次の1〜3の場合です。複数の要因が重なっている場合もあります。

1―環境（相手や組織）に問題がある場合

忙しすぎる、パワハラがある、ママ友の中でいじめがあるなど、問題のある相手や組織に適応しようとすると、つらくなります。「それはそうだよね」と思われるかもしれませんが、渦中にいると、案外、環境のおかしさに気づけないものです。

繊細さんは刺激を受けやすいため、ストレスフルな環境にいると、どうしても他の人たちよりつらくなりがちです。ですが、それは、つらくなる繊細さんが悪いという話ではなく、そもそもの環境がおかしいという話です。

「他の人はできているんだから」「自分がもっと上手に受け流せたらそれで収まるんだから」など、うまくいかない状況を自分の責任にしてしまうと、環境がおかしいことに気づけません。

そのままがんばり続けるのは危険ですから、「そもそもここは健康的に働ける職場なんだろうか」「相手側に問題があるんじゃないだろうか」と一歩引いて眺めてみてくださいね。

2―環境に問題がなくても、自分とは合わない場合

相手や組織に問題がなくても、自分とは合わないケースがあります。たとえば、「職場環境には恵まれているけど、仕事に興味を持てず、力が湧かない」「今の仕事は苦手なことがメインで、つらい」「みんないい人なんだけど、どうも考え方が合わない」などです。自分が変化するにつれて、以前は合っていた相手や組織が合わなくなることもあります。

繊細さんは感じる力が強く、小さなズレや自分の中の違和感をなぁなぁにすることができません。違和感を抑え込むとつらくなってきますから、自分の本音を大切にしていきましょう。

3―「生き抜くための対処法」によって無理をしている場合

「ありのままの自分で大丈夫」という安心感が少ないと、他者から評価されたい気持ちが大きくなり、無理をしがちです。自

分が大変な状況でも仕事を引き受けてしまったり、成果を求めて忙しい職場に飛び込んでしまったりすることもあります。
「ありのままの自分で大丈夫」と思えるかどうかは、育った環境が影響している場合が多いです。

たとえば、家で「愛されるには、しっかり者でいる必要がある」と学ぶと、社会に出てもその認識が続き、「まわりの人に認められるには、しっかり者でいる必要がある」となるのです。もともと本人にしっかりした面があることも確かなのですが、しっかり者でいることによって愛されよう・認められようとした時、それは生来の自然な資質というよりも、「生き抜くための対処法」という側面が強くなります。

「しっかり者の自分も好きだけど、うっかりしてたり、ぼーっとしてる自分もいいよね。どんな自分も好き」なら、大丈夫。

ところが、「しっかり者の自分でないと居場所がないのではないか」などの思いがあると、人といるあいだずっと緊張していたり、疲れても休めなかったり、相手に合わせすぎてしまったりと、社会に出てからつらくなりやすいのです。

例として「しっかり者」をあげましたが、「人の役に立つ」「相手の期待以上の結果を出す」「いつも笑顔でいる」「自分の意見よりも相手の意見を優先する」なども同じです。

世間一般に良いとされる価値観と、育つ中で学んだ対処法が一致すればするほど、自分が「こうでなければならない」という対処法に追い立てられていることに気づきにくくなります。

これは、決して本人の責任ではありません。それが必要な環境で育ったから、その対処法を身に着けたのであり、大変な中を生きてきたのだ、ということです。

生き抜くための対処法？それとも自然な価値観？

生き抜くための対処法なのか、純粋に好きで（自然な自分の価値観で）やっているのか、見分ける方法をご紹介します。

1―もしも誰かに「それ、やめていいよ」「そんなことしなくていいよ」と言われたらどう思いますか

ムッとしつつもほっとするのなら、対処法です。「これまでがんばってやってきたのに！」という気持ちと「でも本当はつらい」という気持ちがあるので、「ムッ&ほっ」なのです。

純粋に好きでやっている場合は、やめていいよと言われても怒ったりせず、「やりたいからやるよ～」となります。

2―できない人を見た時に、どう思いますか

それができない人を見た時、イライラしたり「そんなことじゃダメだよ！」と心の中でダメ出ししたりするのなら、対処法です。「こうしなければ」と強く思ってきたからこそ、できない人を見て怒りが湧くのですね。

脱出に必要な2つのパワー

行き詰まりからの脱出は、惑星間を移動するようなイメージです。今いる星の引力（＝これまで適応してきた、家庭や社会の価値観）を振り切って、自分の星（＝自分なりの生き方）へと脱出するのです。

脱出に必要なパワーは、「イヤだ！という感情」「自分のために生きるという思い（詳しくは4章へ）」の2つです。

価値観という引力は強力で、パワーが足りないと何度も引き戻されてしまいます。「困ってるけど、まぁなんとかなっている」という状態だと、かえって今の状況から抜け出せないのです。

とことん悩み、「こんなにつらいのはもうイヤだ！　もっと自分のために生きていいはずだ！」となることで、引力を振り切って脱出できるのです。

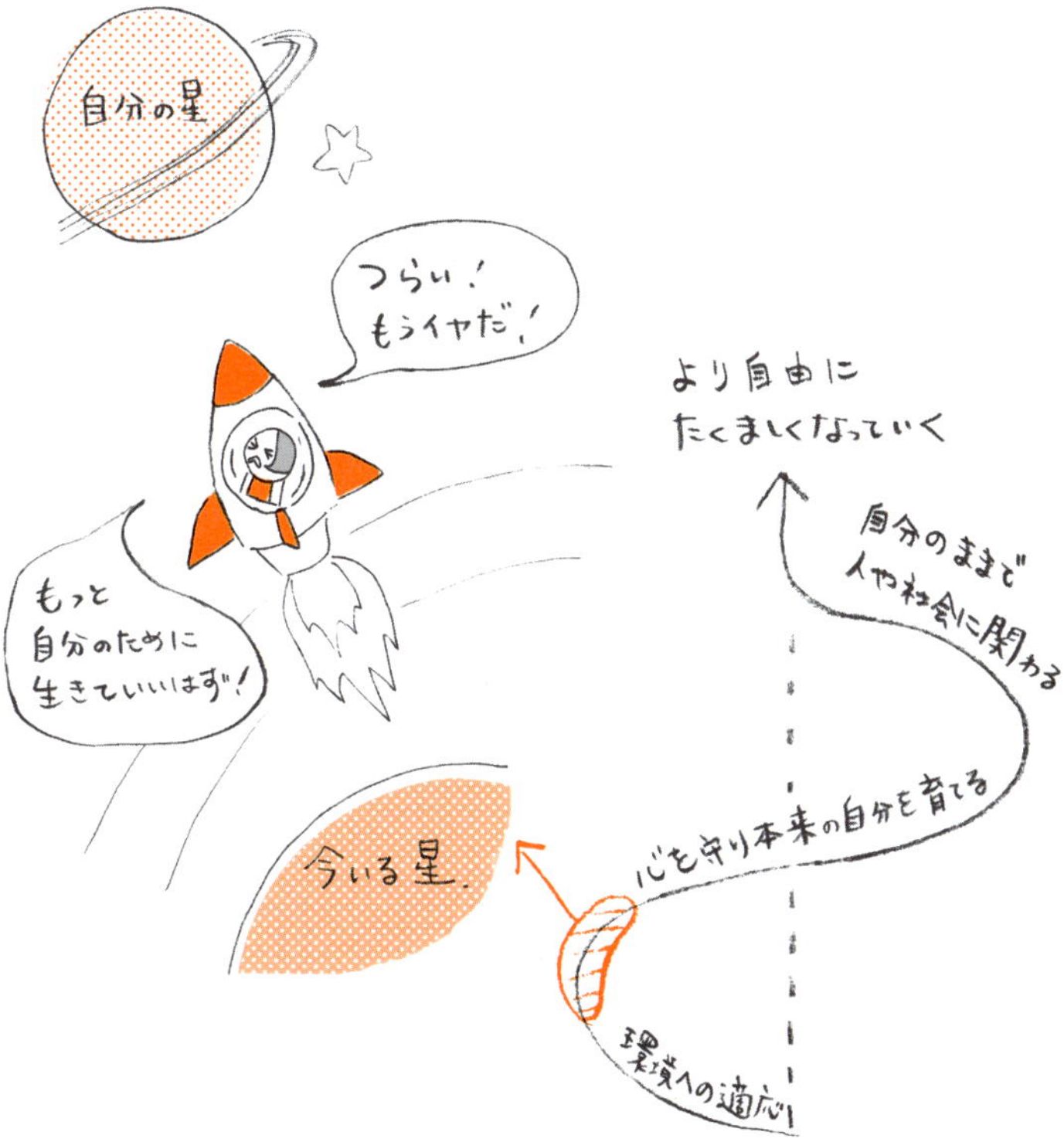
自分の星
つらい！
もうイヤだ！
より自由に
たくましくなっていく
自分のままで
人や社会に関わる
もっと
自分のために
生きていいはず！
心を守り本来の自分を育てる
今いる星
環境への適応

「イヤだ」と思えないのはなぜ？

　しんどい状況を脱出するには、「イヤだ」と感じることが大切。ところが、繊細さんたちの中には、「イヤだ」とはっきり感じることが難しい、という方が少なからずいます。

・「自分がやらなきゃ」とがんばり続けるうちに体調を崩した。動けなくなってようやく「こんなにストレスがかかってたの？」と気づいた。
・いつのまにか仕事を抱え込んでしまい、つらくなって退職するパターンを繰り返している。
・友人からの嫌味やからかい。他の友人からは「もっと怒ったほうがいいよ」と言われるが、怒るべきことなのかわからない。
・友人に対して「このくらいやってあげよう」と思っているうちに負担が大きくなり、関わるのがつらくなって縁を切った。

　といった具合です。

どこかモヤっとしながらもはっきり「イヤだ」とまでは自覚できず、「このくらいなら」と引き受けていたらいつのまにか限界に達していて、ささいなきっかけで爆発した、というパターンが多いのです。

問題の本質は、爆発そのものではありません。自分でも気づけないままに、耐えきれなくなるまで我慢していることが、問題なのです。

なぜ自覚がないままに我慢してしまうのか、はっきり「イヤだ」と思えないのか。理由は大きく2つあります。

まず1つは、「自分の感覚がおかしいんじゃないか」「自分がだめなんじゃないか」と思っていること。

もう1つは、幼い頃から「イヤ」を封じて生きてきた、ということです。

1 「自分の感覚がおかしいんじゃないか」「自分がだめなんじゃないか」

繊細さんは、非・繊細さんが気づかないささいなことにもよく気づき、同じことを経験しても何倍もの強さで感じます。

5人に1人が繊細さんとはいえ、世の中では少数派。

悩んで相談したら「気にしすぎなんじゃない？」と言われたり、慎重なぶん他の人よりも行動に時間が必要だったり、深く考えるぶん他の人たちと視点が違ったりと、他の人との違いを感じる場面が多くあります。

「自分の感じ方がおかしいんじゃないか」「他の人みたいにどんどん進められない自分がだめなんじゃないか」など、自分の感覚を信じきれずにいると、モヤモヤやつらさがあっても「このくらい平気でいなきゃ」と打ち消してしまうのです。

2 幼い頃から「イヤ」を封じて生きてきた

「イヤだ」「つらい」という気持ちが、自動的に「なかったこと」になってしまって、イヤだと感じていることが自分では本当にわからない、という場合もあります。これは心理学では「抑圧」と呼ばれます。

抑圧という文字からは「イヤだと感じているのに、無理やり抑えつける」といったイメージを持つかもしれません。ですが本人からすると「あるものを抑えつける」というよりも「最初から、ない」「本当にわからない」という感覚です。

なぜこのようなことが起こるのでしょうか。そのヒントは感情の育ち方の中にあります。

子どもの心理療法・家族療法が専門の大河原美以《おおかわらみい》さんが、著書の中で次のように解説しています。

「はらわたが煮えくり返る」という言葉があるように、私達は、怒りや悲しみ、喜びなどの感情を身体の反応として感じています。

身体に感情が起こった時、大人から「怒ってるんだね」「嬉しいんだね」などと声をかけてもらうことで、子供は「いま自分は怒っているんだ」「これが嬉しいってことなんだ」と、感覚と言葉を結びつけ、他者に伝えられるようになっていきます（感情の社会化）。

ネガティヴな感情も、大人に支えてもらうことによって、自分でも安全な感情として抱えられるようになるのです。

ところが、大人は、子供の喜びや嬉しさなどのポジティヴな感情は受け止められても、怒りや悲しみなど、ネガティヴな感情を受け止められないことがあります。

ネガティヴな感情が社会化されていない子どもは、怒りや悲しみや恐怖や不安などの強い感情にさらされた時、それがなんなのかわかりません。身体は危険を感じるので、自ずと「感じなくなる」「封印する」という防衛で自分の身を守ります。

（大河原美以『ちゃんと泣ける子に育てよう』河出書房新社より要約）

繊細な子供は、親の気持ちに敏感です。自分が怒ったり泣いたりしても受け止めてもらえない（親に余裕がない、嫌がる、悲しむ、動揺するなど）、否定される、怒られるなどが繰り返されると、悲しみや怒りを感じないようにしてしまうのです。

感じなくなったからといって、その感情が「ない」わけではありません。感じられなくても「ある」からストレスとして体調に出るのだし、いつのまにかたまって爆発するのですね。

モヤモヤを打ち消しがちだったり、「イヤだ」とはっきり感じられない場合、どうしたらいいのでしょうか。

大切な「イヤだ！」を取り戻すには

まず知っていただきたいのは、感じられなくなったとしても「イヤだ」「本当は○○したい」などの本音は、いつだって自分の中にあるんだ、ということです。「そう思っちゃダメ」という思考に覆われてみえないだけで、「イヤって言っても大丈夫だよ」という受け止め先があれば、本音は出てこれるのです。

「イヤだ！」を取り戻す方法は、3つあります。

1つめは、体の状態を手がかりに心を知ること。心と体はつながっていて、心の状態が体に表れています。

疲れている、肌荒れが続いているなど体に変化があれば、「ストレスがかかってるのかな」「なにかが嫌なのかも？」と振り返ってみてください。

はっきりとした心当たりがなくても体には症状が出ているのですから、仕事や家事のペースを落とす、人のためにやっていることを減らして自分のための時間を確保するなど、まずは自分をいたわってあげてくださいね。

いたわるうちに「やっぱり疲れてたんだ」「あれってこんなにストレスだったんだ」と原因に気づくこともありますよ。

（体調不良が続くようであれば医師に見てもらってくださいね）

2つめは、ふとした心の呟《つぶや》きをそのまま受け止めること。

仕事でも家事でも、ふと「疲れたな」「遊びたい」などと思った時に、「このくらい平気」「そんなの甘えだ」など、自分をがんばらせる思考でふさがないでほしいのです。

「やることが多すぎる」と思ったら「段取りよくしなきゃ」などと能力を上げようとする前に、まずは「確かにやること多いよね。もういっぱいいっぱいだよ」と今の気持ちに同意する。

「休みたい」と思ったら、「もうちょっとがんばれるでしょ」

ではなく「そうだよね、休みたいよね」と受け止める。
ちょっとした気持ちを打ち消さず、まずは「そうだよね」と受け止めることで、「こうすべき」に覆われてみえなかった「自分の本音や体の状態」がみえてきます。

3つめの方法は、安心できる相手に話を聞いてもらうこと。

家族や友人でもいいですし、カウンセラーでもＯＫです。「この人にになら気持ちを打ち明けても大丈夫」と思える相手に話すと、自分でも気づかなかった本音が出てきます。

なお、話を聞いてもらう時、相手はあくまでサポートであり、受け止める先は最終的には「自分」です。自分で自分の気持ちにＯＫがほしいのですね。話を聞いてもらいつつ、自分でも、自分の気持ちを受け止めてあげてくださいね。

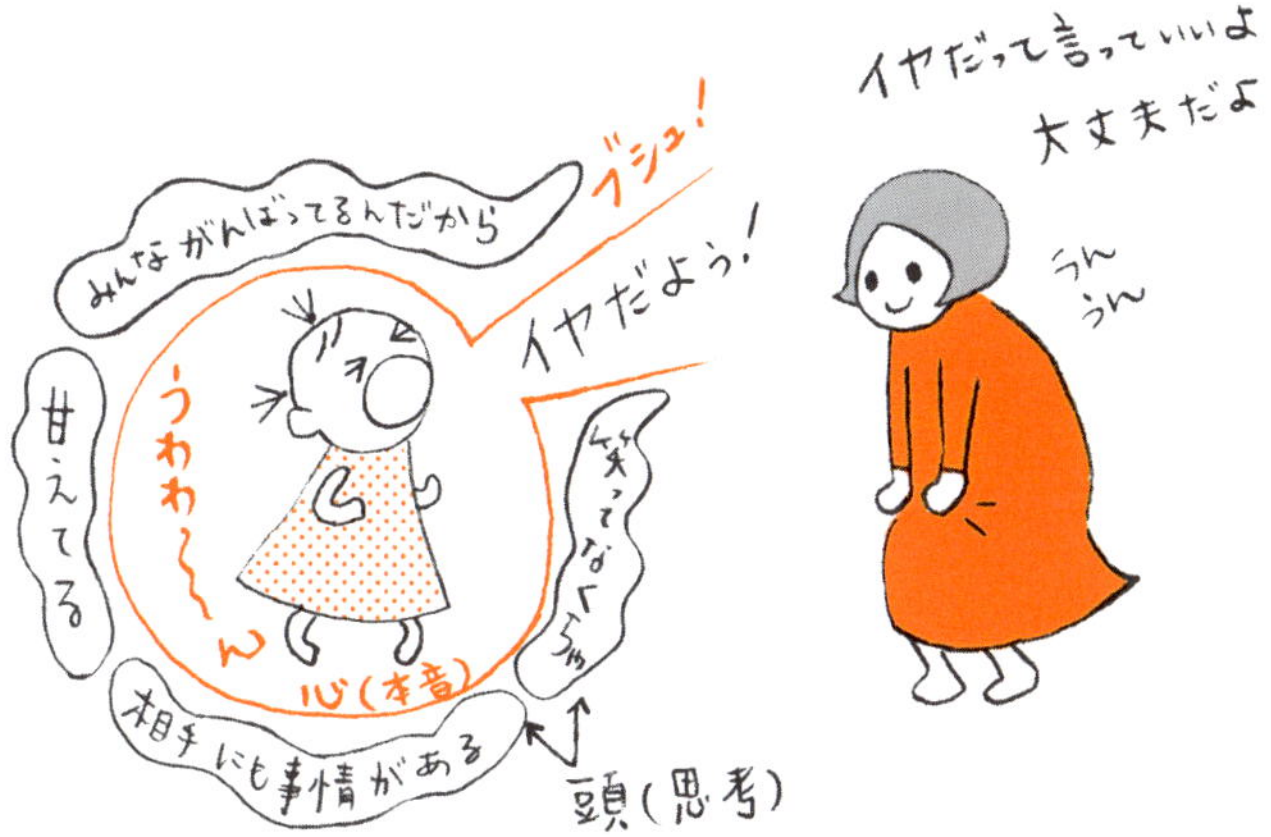
イヤだって言っていいよ
大丈夫だよ
うん
うん
ブシュ!
イヤだよう!
みんながんばってるんだから
甘えてる
うわわ〜ん
心(本音)
笑ってなくちゃ
相手にも事情がある
頭(思考)

ふたりの自分（本来の自分、生き抜くための自分）

「イヤだ」「つらい」と思う自分がいる一方で、「そんなのワガママ」「そんなこと言ったって、やらなきゃいけないし……」と思う自分もいるかもしれません。

そう、自分はふたり。「守られてきた本来の自分」と「生き抜くための自分」がいるのです。

「守られてきた本来の自分」は、心（本音）です。のんびりしていたり、おっちょこちょいだったり、気まぐれだったり。自由気ままに、「そんなのイヤ」「こうしたい」と言います。

「生き抜くための自分」は、頭（思考）です。家庭や社会など、これまでの環境に適応するための自分。

過去に悲しい思いをしたり、痛みを感じたりした経験から、「もうあんなことにはならないように」「うまくいくためにはこうしておこう」と考え、自分を守る鎧《よろい》として機能します。

ふたりの関係をみてみると、「イヤだ」「つらい」を封じて生きてきた人は、生き抜くための自分が圧倒的に優勢です。

本来の自分の「イヤだ」「こうしたい」という声を、生き抜くための自分が「そんなのワガママ」「そんなことじゃダメ」「もっとこうするべき」と言い負かしているのです。

これまで、環境に適応するために「しっかりする」「ひとりでがんばる」「能力を身につける」などをがんばってきたと思うのですが、これらは実は、鎧を分厚くする行為です。

自分のままで生きるには、その逆に取り組みます。「鎧を脱いでも大丈夫だ」と思えるように、鎧の中にいる「本来の自分」を育てていくのです。（詳しい育て方は第4章へ）

生き抜くための自分に
お礼を伝えて、卒業しよう

つらさを自覚するうちに、「しっかり者をやりすぎたから／まわりの評価を気にしたから、こうなったんだ」など、「生き抜くための自分」を否定する気持ちが湧くかもしれません。

ですが、それはずいぶんと厳しい見方です。「生き抜くための自分」は必要だったから生まれたのですね。これまでの環境に適応することで、自分を守ってきたのです。

責めるのではなく、むしろ、「よくがんばってくれたね。今まで本当にありがとう」と言ってあげてください。

無理が続く時や気を張っている時は、生き抜くための自分ががんばっています。「私はもう、守ってもらわなくても大丈夫。なんとかなるよ、ぼちぼちやっていこうよ」と伝えて、安心させてあげましょう。生き抜くための自分が安心すると、力みがとれて、すーっと進めるようになりますよ。

よくがんばってくれたね
今まで本当にありがとう！
生き抜く
ための自分

STEP2

第4章

心を守り、本来の自分を育てる

「守る」「育てる」で、自分なりの生き方を模索する

イヤなことを「イヤだ」と思えるようになってきたら、自分なりの生き方を模索するステップへと入っていきます。「守る」「育てる」という2つの時期を通ります。

1―心を守る

ストレス源から心理的に距離をとり、心と体を休ませて、心の中に新しいものが入るだけのゆとりを作ります。

2―本来の自分を育てる

自分のペースで「なんだかいいな」と思うことをやってみて、本音と感性を育てます。

本音と感性を大切に休んだり遊んだりしていると、「本来の自分」が育ちます。好き・嫌い・合う・合わないがはっきりしてきて、自分が本当はどんな人間なのか、なにをしたいのかがみえてくる。「もっと自分のために生きていいんだ」と思えてくるのです。

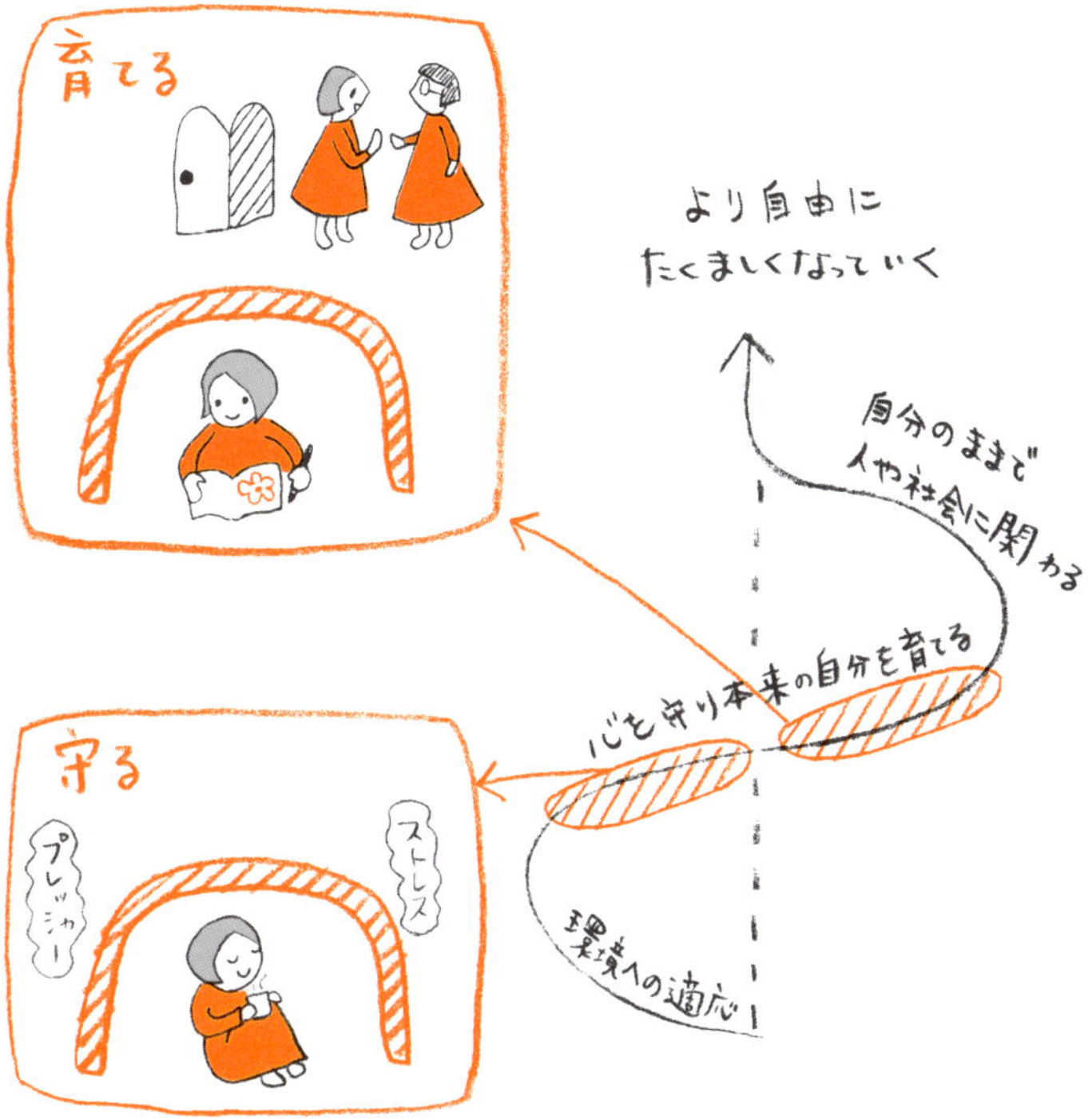
育てる
守る
プレッシャー
ストレス
より自由に
たくましくなっていく
自分のままで
人や社会に関わる
心を守り本来の自分を育てる
環境への適応

閉じていい、たっぷり休もう

ストレスで体調を崩したり、仕事がつらくなったり、人と関わることが怖くなったり……。

仕事や人間関係で傷つき、これまでのようには動けなくなった時、「心を守る時期」が始まります。

自分なりの生き方を探る最初の時期であり、「今まで無理してたんだ」と体が教えてくれる時期でもあります。

これまでがんばり続けてきた人ほど、「人生の疲れ」とも言うべき倦怠感《けんたいかん》や疲れ、体の痛み、動きたくても動けない気持ちがどっと出ます。

休職する方や、お仕事をやめて家で過ごす方もいるかもしれません。

以前のようには動けないし、がんばれない。
それでいいのです。

この時期にたっぷり自分を休ませてあげることで、自分に合うもの・合わないものを見分ける感性が復活し、自分のままで生きる道へシフトしやすくなります。

この時期の過ごし方のポイントは

・たっぷり休む
・心を閉ざしてもいい

の2つです。

穏やかな時間の中で これからの生き方を探る

心を守る時期には、たっぷり休むことが必要です。

でも、休むって案外勇気がいることで、これまでがんばり続けてきた人ほど休むことを怖がります。

「一度休んでしまったら、もうがんばれなくなるんじゃないか」「このままずっと休み続けることになるんじゃないか」といった怖さが湧くのです。


怖いと思うのですが、この時期は思い切って休んだほうが、生き方の変化がスムーズです。

人間は本来、新しいものを見たり聞いたりするのが好きです。たっぷり休んで心身にエネルギーがたまれば、自然と「なにかしたい」「もうちょっと外に出て、人と関わりたい」と思えてきますから、「ずっと休むことになるかも」と心配しなくても大丈夫なのです。

生き方が変わる節目ですから、まずは人生のスピードダウンが必要です。やるべきことを最低限にして生きる速度をゆっくりにし、ぼーっとしたり考えたりする時間をとる。自分のペースで過ごす穏やかな時間の中で、これからの生き方をみつけていきましょう。どうしても休めない場合には、早めに帰る、全力でやりすぎない、頼めることは人に頼むなど、少しでも心身に余裕を作ってくださいね。


形としては仕事や家事を休んでいたとしても、休んでいる自分を責めていると、心が休めません。

人間は生き物であり、心があるのです。

疲れたり傷ついたりしたら、休むのが自然な姿です。

「ああ、疲れた！　しばらく休ませて！」

と、堂々と休んでいいのです。

休むことに焦ったら本音を確認しよう

この時期は心も体も動けない一方で、自分をがんばらせていた価値観が頭の中に残っているので、「心」と「頭」が対立しやすくなります。

休職中で心も体も動けないけれど、頭では「働いていないなんて、だめだ。早く働けるようにならなきゃ」と考えたり、日々の仕事でくたくたなのに「将来に向けて資格をとらなきゃ」「転職するなら自己分析しなきゃ」と焦ったりします。

でも、頭でどんなに考えても、心と体のエネルギーが枯渇《こかつ》している状態では動けません。自分を無理やり動かすと、ますます消耗します。

「休むのも飽きてきた」「なにかしたい」と自然に思えるまでは、安心できる場所で、心と体を守ってあげてください。ひとりの時間をたっぷりとる、ひたすら眠るなど、心置きなく休むことが必要です。

「なにかしなくちゃ」と焦りが出てきたら、「焦っちゃだめ！」と抑えつけるのではなく、「ああ、焦ってるなぁ」と自分の気持ちを眺めてみましょう。

焦る時って、不安や「早く動けるようにならなきゃ」「将来のために○○しておかなくちゃ」などの〝べき思考〟で頭がいっぱいになっていて、「自分がどうしたいか」が置き去りになっています。

「〝こうしなきゃ〟はさておき、いま、本当はどうしたい？」と、自分に聞いてあげてくださいね。

守る

「人が怖い」という思いが湧いてきたら

この時期は、人に対して敏感になる方もいるかもしれません。「人が怖い」「人と一緒の空間にいると落ち着かない」という気持ちの時は、無理せず、ひとりの時間を大切にしましょう。**理由がなんであれ、「ひとりでいたい」と思ったらひとりで過ごしていいのです。**

「友達からの連絡に返信したくないなんて、そんな冷たいことを思っていいのかな」なんて思わず、「私は今、私のことをしたいんだ」「ひとりでいたい」と、自分の本音を最優先にしてくださいね。

人が怖い。でも、誰かと少しは話したい。そんな時は、ブログやツイッターに自分の気持ちを書いてみたり（匿名でOK）、ヨガやカルチャースクールなどゆるやかな習い事をしてみたり、繊細さんの集まりに参加してみたりするのもいいかもしれません。

いずれも、自分のペースを保ちながら人と接触できること、疲れたら離れられることがポイントです。

習い事やイベントなど、自分がお客さんの立場であれば、「行きたくなかったら行かない」という選択がしやすいです。

また、インターネットは相手の様子を気にせず「見たい時に見て、疲れたら閉じる」ができますから、人との距離感を調整しやすいです。情報をとりすぎると心が忙しくなりますから、見てほっとするもの、元気になるものを選んで、少しだけ見てくださいね。

※繊細さん（ＨＳＰ）の集まりは「ＨＳＰお茶会」「ＨＳＰ交流会」などで検索してみてくださいね。全国で開催されていますよ。

―― 育てる ――

本音と感性を大切に、本来の自分を育てる

たっぷり休んで「そろそろ動こうかな」「家で寝るのも飽きてきた」と思えてきたら、「守る」時期も終わり。いよいよ本来の自分を「育てる」時期に入ります。

たっぷり休むことにより、これまで適応してきた価値観と距離ができています。休んだ状態で心が反応するものを拾いあげることで、これまでの価値観にとらわれず、自分なりの生き方を探っていけるのです。

自分なりの生き方を探るには、気持ちのゆとりが大切です。洋服を買う時って、焦って探すよりも、ある程度、気持ちにゆとりがあるほうがじっくり探せますよね。やりたいことを探す場合も、仕事やパートナーを探す場合も同じなのです。

ですから、自分を背水の陣におく必要はありません。

もしも今、ストレスの少ない仕事をしているなら、焦って辞

めるのではなく、経済的な安定は確保したままで、やりたいことを探したり、「なんだかいいな」と思ったことをやってみましょう。

「全力になれないのに今の仕事を続けるなんて、同僚たちに申し訳ない」なんて思わなくて大丈夫。人生にはぼんやり働く時期があってもいいのです。まずはプライベートの時間を使って、自分の可能性を探ってみてくださいね。

この時期のポイントは

・合う・合わないを見分ける感性と、「こうしたい」という本音を育てる
・新しい生き方を「あり」にして、実際に試してみる

の2つです。

「なんだかいいな」の感性を復活させる

たまたま見かけたイベントに「行ってみたい」と思ったら、行ってみる。

お昼ごはんは「いつものもの」を食べるのではなく、自分に「なに食べたい?」と聞く。

花が咲いてるなと気づいたら、立ち止まって眺める。

もちろん、休みたいと思ったら、休む……。

プライベートからでかまいません。ふとした「なんだかいいな」をキャッチして動いてみましょう。

繊細さんはもともと、感じることに長けています。

持ち前の感性が、「なんだかいいな」「これはちょっと違う……?」といった「なんとなく」のかたちで、自分に合うものを教えてくれています。

自分の気持ちを置いてきぼりにして会社やまわりのニーズに応えていると、知らず知らずのうちに、感性が鈍くなっています。

ストレスフルな環境にいると「感じていたらやっていけない」と繊細な感覚に蓋《ふた》をしてしまうので、自分にとっていいもの、悪いものを見分ける感性も一緒に封じられているのです。

ちょっとした「なんだかいいな」「こうしてみたい」を感じ取り、小さなことから行動に反映していると、自分に合うものを見分ける感性が復活してきますよ。

「自分を大切にする」ってどうやるの？

「感性を大切にする」とは、すなわち自分を大切にすることでもあります。難しいことではなく、毎日の生活の中で少しずつ感覚をつかんでいくことができます。


たとえば、朝起きた時。

「今日はシャキッとしたい気持ちだから、白いカップに珈琲を入れよう」

「今日はちょっとゆっくりしたいから、珈琲はやめて紅茶にしよう。カップもほっこり系のかわいいのにしよう」

こんな小さなことからでいいのです。


まず自分の心と体の状態を探る。

そして、心と体に合わせて行動する。

これが自分を大切にするということです。

ふとやりたいことが浮かんだら、ハードルを下げてやってみましょう。ちょっとした「すぐできること」からでいいのです。

たとえば「絵を描きたいな」と思ったら、ノートの端っこにイラストを描いてみたり、100円ショップや近所のスーパーで絵の具と画用紙を買ってみたり。

海を見たいと思ったら、週末に予定を入れてみたり、本屋さんで海の写真集を探してみたり……。

毎日の小さなことを心と体に合わせて選んでいると、自分を大切にする感覚が育ちます。

これから先、転職や結婚などの大きな転機でも、自分を大切にした決断ができるようになっていきますよ。

「将来のため」「役に立つ」に惑わされない

この時期は「将来のために」「役に立つ」などのフィルターを外して、「なんだかいいな」「楽しそう」といった「なんとなくの感覚」を大切にしてください。

休んだり遊んだりするのが苦手な人は、時間があるとつい「資格の勉強をしようかな（本当はやりたくないけど）」「海外ドラマを見ようかな（本当はマンガを読んだり眠ったりしたいけど、後で〝時間を無駄にした〟って思うことに耐えられない。海外ドラマなら英語の勉強になるから、許容範囲かな……）」など、将来役立つことをしようとします。

やりたくてワクワクするのならもちろんOK。でも、もし「やらなきゃいけない気がして」というのなら、いったん手を止めて、「本当はどうしたい？」「今、なにをしたい？」と自分に聞いてあげてください。

やりたいことをやる幸せは、やった結果にあるのではなく、やっている過程そのものにあります。

「マンガを読む」でも「ペットと遊ぶ」でも、やっている時に満たされたのなら、それが自分にとっての正解です。

「こんなことしたって役に立たないのに」などと否定せず、嬉しい、楽しいという気持ちをそのまま大切にしてくださいね。

その日の気分に合わせてふらりと過ごし、「なんだかいいな」と思うことがあったらやってみる。

そんなゆるやかな時間を過ごすうちに、「そうそう、私はこういうことが好きなのよね」「のんびりする時間って、やっぱりいいよね」など、本来の自分を思い出します。

思い出した自分が、これからの人生の核になります。

やりたいことの探し方（1）
大切なものは、すぐそばに

やりたいことがわからない、趣味でも仕事でも熱中できることがない。

そんな時は、ぜひ身のまわりを眺めてみてください。

こんなことをやっても意味がない、仕事にはつながらない、などの理由で見えなくなっているだけで、やりたいことが実は何度も頭をかすめていたり、それに関する道具を昔買っていた、ということがあるのです。

人間は、大切なものは身近においています。大切なものをすべて捨て去って生きることはできないのです。

自分の部屋を見渡してみてください。

クローゼットの奥に、なにがあるでしょう?

部屋の隅になにを飾っていますか。

今外にいるのなら、カバンの中になにが入っていますか。

休みの日、誰に会おうとしていますか。


ある人は、クローゼットに編み物の道具。無心に手を動かすのが好き。

ある人は、カバンにいつもペンとノート。自分の気持ちを書き出すために。

ある人は、友人と楽器の演奏へ向かうところ。なにをするかより「誰といるか」が大事。


自分の行動を観察すると、好きなこと、やりたいことが透けてみえてきます。

「本当の自分」は、「今の自分」のすぐそばにいますよ。

やりたいことの探し方（2）
やりたい仕事を探す

打ち込める仕事、熱中できる仕事を探したい。そんな時は、自分が心惹かれることを言葉にしてみましょう。

1―これまでの人生で楽しかった・嬉しかった・面白かったなど、心が満たされた経験を書き出してください。プライベートでも仕事でもかまいません。

2―「1」のそれぞれについて「なぜ楽しかったのか？」「どんなところが好きだったのか？」を書き出します。

3―「2」の共通点を探しましょう。すると「いつも〝人〟が出てくる」「黙々と手を動かしている」「新しいことを知るのが好き」など、自分が惹かれるものの傾向がわかってきます。

やりたいことって、実は、職業名やものごと名ではありません。「本音で人と話したい」「黙々と手を動かしたい」など、**「〜したい」のついた抽象的な言葉（動詞）で表されるのです。**

やりたいことに得意なことを掛け合わせると、具体的な職業名やものごとの名前になります。ごく単純化した例だと「いろんな人の話を聞きたい」×「文章を書くのが得意」＝「取材メインのライター」、といった具合です。

（やりたいこと）×（得意なこと）＝（職業名）です。

なお、最近は新しい職業も出てきていますから、職業名にとらわれず「～したい。それができる仕事ってないかな」と、求人情報や世の中を眺めてみるといいですよ。

やりたい仕事を探す時は、まずは自分がやりたいことを把握するのがおすすめです。「得意なこと」や「できること」だけで仕事を探すと「別にやりたくないんだけど、できるからやっている」となります。「得意」も「できる」も大切ではあるのですが、それらはやりたいことをやるために使ってくださいね。

「毎日のいい時間」が幸せな日々を作っていく

やりたいことの探し方を2つご紹介しましたが、「なんだかいいな」は「やりたいこと」を示す重要な手がかりです。そして、**繊細さんが自分のままで生きるには、「小さなことから、やりたいことをやる」ことがとても大切です。**

繊細さんは刺激を受けやすい分、どうしても疲れやすい傾向にありますが、やりたいことをやるとむしろ元気になります。

やりたいことをやる時、ワクワクしたり深く集中したりと自分の中に「いい時間」が流れています。体は疲れても、心は元気。やりたくないことをやる時の消耗感とはちがい、好きなスポーツをした後のような心地よい疲労感と満足感なのです。

やりたいことをやるとは「やりたいことを仕事にする」「打ち込める趣味をみつける」などのわかりやすいかたちだけではありません。

「生活を丁寧に行う」「家族とゆっくりした時間を過ごす」なども、大切な「やりたいこと」です。**やりたいことをやるとは、自分なりの幸せを大切に生きるということなのです。**

たとえば、ふと思い立って、珈琲を丁寧に淹《い》れた時。珈琲を淹れることが仕事につながるか、一生打ち込める趣味になるかはわからなくても、「こういうゆっくりした時間が好きだなぁ」「いい香りで、幸せ」と思えたなら、その時間はきっといい時間ですね。

毎日の中で「嬉しいなぁ」「幸せだなぁ」と感じる時間が少しでもあって、その気持ちを存分に味わえる。「こういう時間をもっと大切にしたい」と人生を見直すきっかけにもなる。

毎日の「いい時間」が幸せな日々を作り、幸せな人生を作っていくのだと思います。

「やりたい」と思ったあとで不安になる時は

過去の経験によって傷ついていると、「やりたい」という気持ちが、不安やおっくうさに覆われることがあります。

自然な気持ちで「やりたい」と思っても、やろうとすると不安が湧いたり、どうしても手が動かなくなったり。後から湧く不安は、心（本音）ではなく頭（思考）の仕業《しわざ》です。

そんな時は、「できそう」の兆《きざ》しをキャッチして動いてみましょう。動けないのは「ずっと」でないのですね。一日をゆったりと過ごしていると、晴れ間がさすように、「やりたい」「やれるかも」という本心がひょこっと顔を出します。

「今ならできそう」
「おっ。今、やりたい気持ちになった！」
と自分の気持ちが向いた時に、「今だ！」と、とりかかってみてください。「まずは部屋を片付けてから」などと他のことをやってしまうと兆しが消えてしまいますから、家事も部屋の片付けも全部放って、最優先でやりましょう。

気になっていた講座の体験教室の申込みでもいいし、絵を描く、といったことでもかまいません。ハードルを下げて、今すぐできることをやってみましょう。

兆しをキャッチして動いてみると、あんなに動けなかったのが嘘のように、スムーズに進みます。

そして、やっている最中のワクワクする気持ち、嬉しい気持ちをたっぷりと味わって、覚えておいてください。

やる前の怖さよりも、実際にやっている時の感覚のほうが、本物です。やっている時の「いい感じ」を大切にすることで、少しずつ怖さを越えていけますよ。

自分を育てる時に起こること（1）

一時的に怒りっぽくなる

ここからは、自分を育てる過程で起こりやすいことを3つご紹介します。

実は、自分が育ってくると、一時的に怒りっぽくなります。自分の話ばかりする友人にイラっとしたり、やりたくない仕事の依頼に怒りが湧いたり……。

本来の自分が育ってきて、人間関係でも仕事でも「これは私のやりたいことじゃない」「もっとこうしたい」という思いが芽生えてくると、これまで我慢できていたことが我慢できなくなるのです。

思わぬ苛立ちに「なんだか怒りっぽくなった」「以前は我慢できていたのに」と戸惑うかもしれませんが、心配しなくても大丈夫。怒りっぽさは一時的なものであり、自分が育つにつれて、次第に落ち着いていきます。

もともと「自分が悪いんだ」という思いを抱えて生きていると、仕事や人間関係で嫌なことがあった時、半自動的に「自分の努力が足りないからだ」「もっとがんばらなきゃ」という思考になります。

自分の責任にしてその場を収めているうちは、落ち込みこそすれ、相手にイライラすることが「できない」のです。

「こういうことをされるのは、イヤだ」「自分の努力が足りないんじゃなくて、この仕事が合わないのかも……?」など自分以外の原因もみえるようになったからこそ、イライラできるのですね。イライラは進歩の証《あかし》なのです。

イライラする時は「望んでいる状況と今の状況がちがうんだな」と受け止めて、あとはおいしいお茶でも飲みながら「私は本当は、どうしたいのかな」と考えてみてくださいね。

自分を育てる時に起こること（2）

人間関係の入れ替わり

自分を守り育てていると、人間関係の入れ替わりが起こります。「私はこうしたい」という本音が育ち、自分自身が変化するので、一緒にいて心地いい相手が変わるのです。

人間関係には、〝表に出している自分〟に合う人が集まりやすい、というシンプルな構造があります。本当の自分を抑えて「殻《から》」をかぶっていると、「殻」に合う人が集まりやすいのです。

自分を守り育てていると、違和感を感じながらも付き合っていた相手とトラブルになったり、「自分を優先してくれるあなた」が好きだった人が去っていく、といったことが起こります。「殻」が薄くなるにつれ、あなたの「殻」が好きだった人とは関係が続かなくなるのです。

「こんな調子では誰もいなくなってしまう」なんて心配しなくても大丈夫。本来のあなたを大切に思っていた人は残りますし、これから新しく出会う人もいます。

考え方や価値観が変わることで、これまで仲の良かった人と話が合わなくなることもあるでしょう。その人があなたにとって大切な人なら、慌てて縁を切ったりせず、まずは距離感を調整してみましょう。「今は考えが合わないんだな。また合う日が来るといいな」と、気長に待つのもいいですね。

去っていく相手、関係が遠くなる相手に対して、責任を感じすぎなくても大丈夫。その人もまた、山あり谷あり、その人の人生を幸せに向かって歩いているのです。

心配しすぎず、責任を背負いすぎず、相手が人生を歩む力を信じてください。縁のある相手ならば、お互いがそれぞれ変化したあと、きっとまた笑い合える日が来ますよ。

自分を育てる時に起こること（3）

キツイことを言われた時は

本音を大切に行動する中で、誰かにキツイことを言われることもあるかもしれません。まわりの人に「転職したい」と打ち明けたら強い言葉で否定されたり、親子関係を相談したら「〜すべき」という相手の持論を押し付けられたり……。

ショックなことがあれば、動揺するのが人間です。無理に冷静になろうとせず、その時の気持ちを口にしてみてください。「怖かった」「イヤだった」「頭が真っ白になってなにも言えなかった」など、なんでもかまいません。自分の気持ちを受け止めてあげることで、少しずつ動揺が鎮まっていきます。

自分の気持ちを受け止めるのが一番先です。「あの人はどうしてあんなことを言ったんだろう。なにか事情があったのかな」と、自分よりも先に相手を思いやったり、「もっと冷静に受け止められるようにならなきゃ」と自分に矛先《ほこさき》を向けたりすると、「怖かった」「イヤだった」という気持ちが置いてきぼりになって、かえって動揺が長引いてしまいます。

「私のためを思って、あえてキツイことを言ったの？」と思うこともあるかもしれません。でも、どんなに厳しい言葉であっても、心から自分を思ってくれたのならば、わかるものです。たとえ「あなたのためを思って」と前置きされたとしても、言われた時に「自分が間違っているのだ、自分が悪いのだ」と心が凍りついたのならば、それはおそらく愛からくる言葉ではありません。

人間には、相手の本心を見分ける直感が備わっています。相手の言葉そのものよりも、言われた時の自分の心境――「怖かった」のか「どこかあたたかく感じた」のか――を、迷いなく大事にしてくださいね。

── 育てる ──

憧れの人をフックに、新しい生き方を「あり」にする

旅をしながら生きていきたい、フリーランスとして働きたい、のんびりした時間を大切にしたい……。

ゆるやかな日々を過ごすうちに、ふと「こんなふうに生きていきたい」という思いが湧いてきたら、そうやって生きている憧れの人を何人か見つけてみましょう。

憧れといっても、芸能人を見るような手の届かない存在へのキラキラした憧れや、「すごい！」という称賛ではなく、「この人の生き方って、なんだかいいなぁ～」「この人のSNSを見るとほっとする／元気が出る」など、「心にすーっとなじむ感じ」を大切に選ぶのがコツです。心があたたまる、元気になるなど、自然で心地よい共感が湧く相手の生き方は、自分と地続きなのです。

もしもその人に会える機会があれば、ぜひ足を運んでみてください。イベント、セミナーや、講演会、お店をやっている方であればお店に行ってみる、などです。

直接話せなくても、実際に動いているその人を目にするだけでもかまいません。SNSや本などではわからなかった、その人の勢い、雰囲気、たたずまいがわかります。


自分が望む生き方をしている人を間近で見て、同じ空間に身をおくと、

「あんなふうに生きて行けるんだな」

「あんなに自由でいいんだなぁ!」

と、それまでの自分の枠《わく》が、ぽんと外れます。


自分の中で、新しい生き方が「あり」になるのです。

新しい生き方を心と体になじませる

新しい生き方が自分の中で「あり」になったら、**新しい生き方を実際に体験してみましょう。**想像するだけでなく、実際にやってみることがなによりのポイントです。

たとえば、デザインの仕事をしたいと思ったら、デザインを学べる学校の体験講座に行ってみる。

フリーランスとしてファッションコーディネートの仕事をしたいと思ったら、友達や家族の洋服を選んであげる。

繊細さん向けの居場所作りをしたいと思ったら、SNSで発信し、カフェなどでのんびり話せるお話会を開催してみる。

ゆるやかな人間関係を築きたいと思ったら、自分が合いそうなイベントやコミュニティに参加してみる、などです。

友人相手や体験講座、ボランティア、イベント。どんなかたちでもいいので、やりたいことを実際に体験してみることが大切です。実際にやってみて「やっぱりすごくいい！」と感じるのか「ちょっとちがった」なのか、感触を確かめるのです。

これまでの生き方から新しい生き方へ移行するのは、たとえるなら、立っている足場を変えるようなものです。次の足場があまりにあやふやで実感がなければ――いいか悪いかの感触さえわからなければ――さすがに踏み出せません。

「やってみたら実際に良かった」という経験を何度も積むことで、「私にもこの生き方ができるかもしれない」と、新しい生き方が現実味を帯びてきます。

実際の体験を通して「私はやっぱり、これが好き。大変なこともあるだろうけど、こうやって生きていきたい」と思えるから、最終的に踏み出せるのです。一度だけでなく二度、三度と体験して、新しい生き方を心と体になじませてくださいね。

大切なもの、手放すものがはっきりしてくる

「なんだかいいな」と思ったら、やってみる。
やってみた感じを、確かめる。
百発百中でなくても大丈夫。何度もトライするうちに「なんだかいいな」の精度が上がります。

実際にやってみて「これっていいな」「なんとなく好きかも」と感じるものがあったら、一度で終わりにするのではなく何度もやってみてください。

やりたいことは、一度やってすぐに「これだ！」とわかるわけではありません。

「本当にこれなのかな」と迷いながら繰り返しやるうちに、だんだんと自分に合うやり方やスタイルがわかってきて、ある時ふと「私はこれが好きだったんだ」「これがやりたいことだったんだ」と気づくものなのです。

「なんだかいいな」を大切に日々を過ごしていると、感性が復活してきます。

「こういうのが自分に合ってる／合わない」
「こういう人たちと一緒にいると、元気になる／落ち込む」
といった感覚が強まり、これからの生き方で大切にしたいもの、手放したいものを見分けられるようになるのです。

自分に合うもの・合わないものがはっきりし、新しい生き方の体験を通して「やっぱりこうやって生きていきたい」と思えてきたら、いよいよ、自分のままで人や社会に関わる時がやってきます。

STEP3

第5章

決断し、自分のままで人や社会と関わる

嵐とともに、決断の時がやってくる

本音と感性を復活させ「こうやって生きていきたい」と思えてきたら、決断の時がやってきます。これまでの自分で生きるのか、「本来の自分のまま」で生きるのかを選ぶのです。

実際の選択としては「今の仕事を続けるかどうか」「これまでの経験を活かして転職するのか、全くちがう仕事をするのか」「結婚するのか」「これからどんな人たちと関わるのか」など進路を選ぶのですが、本質的には「どのくらい『自分のまま』で人や社会と関わるのか」を決めるのです。

決断するまでに、嵐の中を通ります。

心を守り育てる中で、プライベートでは本音と感性を大切に行動できるようになっていることでしょう。「こうやって生きていきたい」という姿も、おぼろげながらみえていると思います。それでも、「プライベートの時に本来の自分でいられる」

状態から「人や社会の中でも、本来の自分で生きていく」状態へ踏み出すのは、大変な怖さを伴うのです。

これまでの生き方は、しんどいとはいえ、慣れています。「今の仕事を続ければ、つらくても食べてはいける」「今の人間関係は、良くはないけど、ひとりになることはない」など先の見通しがつきやすいのです。ところが、新しい生き方は経験したことがないので、どうなるのかがわからない。

「本当にやっていけるんだろうか」「ひとりきりになるんじゃないか」「生きていけるのか」と怖さが湧くのです。

決断を促すのは、実は、これまでの生き方との再接触です。心を守り育てた後、これまでの生き方のものに接触すると、強い違和感を感じます。転職活動で今までと似た仕事の内定をもらった時に「これはちがう」と感じたり、しばらく距離をおいていた人と会って「やっぱり合わない」と感じたり。
心を守り育てる時期を経て、自分が望んでいるものなのか、そうでないのかを見分ける嗅覚（感性）が育っているのです。

「これじゃない。もうこんなのはイヤだ！」という気持ちと、「でも、新しい生き方でやっていけるの？」という気持ちのあいだで揺れ動き、心が嵐のど真ん中に放り出されます。

嵐の中にいる時は、不思議と決断できないものです。揺れるがままにしていると、台風の目の中に入ったかのように、心がすっと落ち着く時がきます。
「これまで通りでもやっていける。でも、これまで通りの生き方はもうちがう」――そのことが腑《ふ》に落ち、これまでの生き方と新しい生き方が等価になった時、決断が可能になるのです。

決断とは、未来の自分に賭けること

決断とは、「未来の自分に賭《か》ける」ことでもあります。
新しい生き方は、これまで慣れ親しんだ生き方とはちがう、未知なる世界です。うまくいく保証はありません。

「なんとかなるだろうし、もし想定通りにいかなかったとしても、なんとかする」

なんとか「なる」という希望と、なんとか「する」という自分への信頼の両方がそろった時、新しい生き方へと踏み出すことができます。

望んでいることがすんなり成就しなくても、他の手段を使って生き延びる。自分にはそういう力がある。

心を守り育てる段階を経て、本音と感性を――つまり自分自身を――信じるようになったからこそ、新しい生き方へ飛び込んでいけるのです。

繊細さん、百花繚乱

決断した結果、起こる変化は様々です。やりたい仕事へ転職する方もいれば、「今の仕事が好きだから人間関係の改善に取り組む」と決めて同じ職場で試行錯誤し、力を発揮できるようになる方もいます。起業する方も、副業を始める方もいます。

自分のままで人や社会と関わる時、その関わり方は仕事だけではありません。心理学を学んだのち、一般の方向けの心理学勉強会を仲間と一緒に開催した方。趣味の範囲内だったアート活動を本格化させ、会社員をしながら個展を開催した方。繊細な感性でとらえた日々をＳＮＳで発信し、仲間ができた方。結婚に向けて動き出す方……。

自分のままで生き始めた先は、百花繚乱《ひゃっかりょうらん》。どんな花が咲くのか、摩訶不思議《まかふしぎ》な実がなるのか、それとも大木になるのか、想像を超えるのです。

決断を経て、その人は一段階たくましく、そしてふわっと柔らかくなります。

「私がこうしたいから、こうするんだ」と決めたことで、自分という軸が太くなり、まわりの人や社会の価値観に揺さぶられにくくなる。また、決断は「私は私のままでいいんだ」と自分を深く肯定する行為でもあります。自分を肯定すると、人や社会に対する怖れが減り、雰囲気が柔らかくなるのです。

「決断した後は、なにもかもが順風満帆」というわけではありません。大変さや、予期せぬ困難もあるでしょう。

それでも状況に流されるのではなく、まわりの人と話し合いながら、自分の判断で行動を選べるようになる。自分の意思を大切に、人や社会とつながるようになるのです。

自分の幸せを核に、
人や社会との循環が始まる

自分のままで生きるようになると、人や社会からエネルギーをもらえるようになります。

やりたいことをやるうちに、気の合う人たちと自然とつながります。そして「自分が好きなことを他の人にも伝えたい、共有したい」と思った時、「提供する側」になるのです。

やりたい仕事をやる、ということももちろんそうですし、アートの個展を開催する、ハンドメイド品を販売する、繊細な感性でとらえた日々をSNSで発信する、などもそうです。

もともとやりたいことだから、やっている時間そのものが充実している。相手から反応が返ってきたり、喜んでもらえたりしてエネルギーをもらい、さらに工夫してやっていく……。

好きなことを他者と共有すると、「自分」と「人や社会」とのあいだで喜びが循環し始めます。**ひとりで「自分のまま」をやっている時よりも、ずっとエネルギーが湧くのです。**

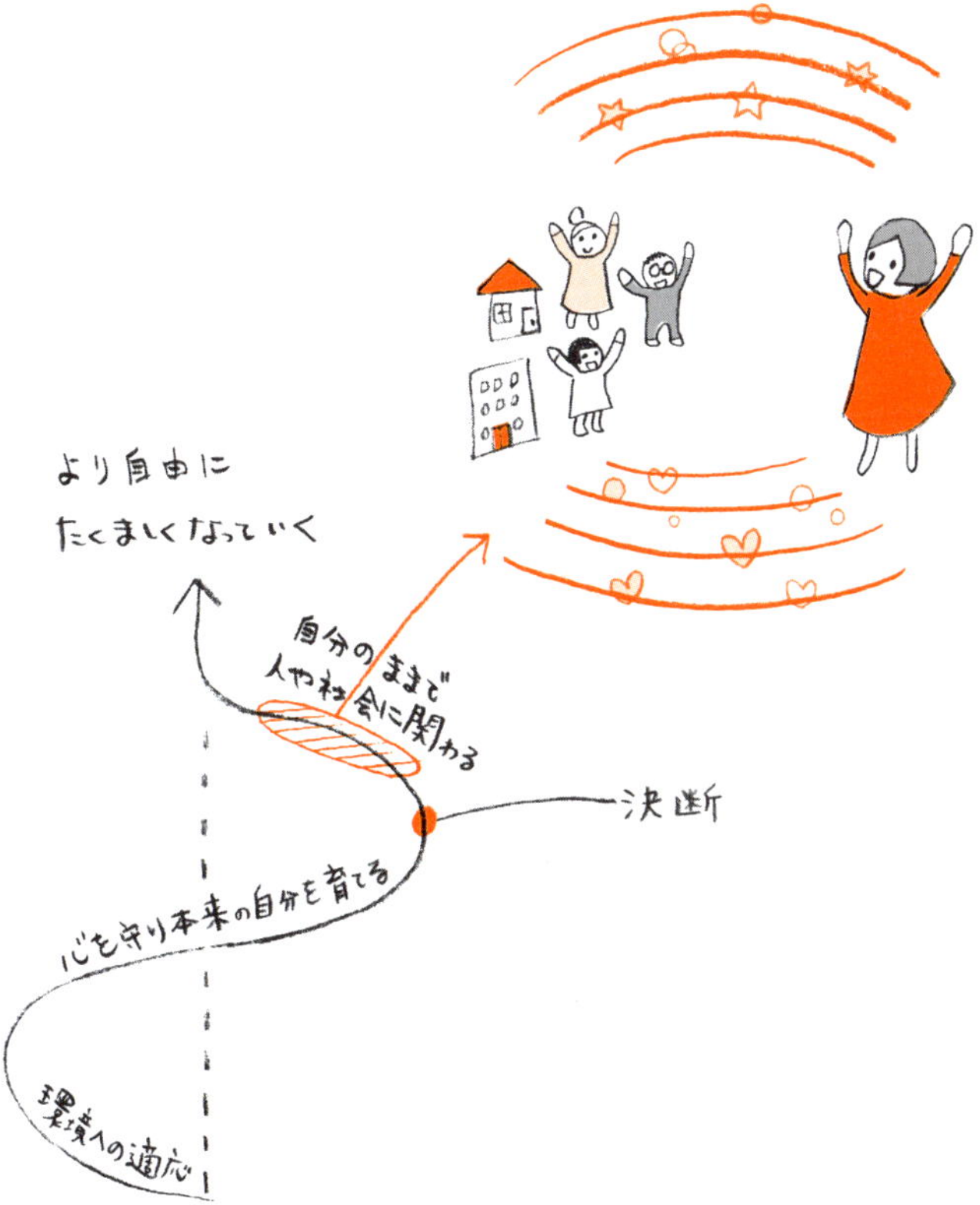
より自由に
たくましくなっていく
自分のままで
人や社会に関わる
決断
心を守り本来の自分を育てる
環境への適応

感性を解き放って生きる

自分のままで生きるようになると、感性をのびのびと解き放てるようになります。

受け止められる分だけ、感じることができます。
大変なことがあってもどーんと受け止められる自分だから、感性を全開にすることができる。嬉しいことや日々の幸せを、めいっぱい感じられるようになるのです。

道ばたの花に目がとまり、「きれいだなぁ〜」と味わう。
好きな人と過ごすなんでもない時間を、より愛おしく感じる。
自分に流れる時間が、ゆっくりしていると気づく。

「味わう」「満たされる」などのじんわり感じる幸せが、ふえていきます。

世界と、再び出会う

「自分のまま」で人や社会と関わるうちに、ある時ふと、見える景色が変わっていることに気づくでしょう。

感性を解き放った先には、世界の美しさ、丈夫さ、人間の懐《ふところ》の深さ、先人の叡智《えいち》、社会の光と闇……そういったものが広がっています。

何年も住んでいる街に素敵なお店を発見する。

丁寧に作られたごはんのおいしさが、わかるようになる。

人間っていいな、と思えてくる。

社会の良さと課題を、ありのままに見れるようになる。

世界と、再び出会うのです。

再び出会った世界には、はるかな未知が眠っています。

まだ見ぬ分野、さらなる深み、これまでにない挑戦、これまで交流したことのない人々……。

「私は、私のままでいい」という安心感があるから、未知なるものを恐れすぎず、「ワクワク」として感じられます。

知りたい、触れたい、味わってみたい。

受け止められるから、未知の世界へと飛び込み、全身で感じることができる。

繊細さんは、感じるからこそ、広い世界をワクワクと生きていけるのです。

めいっぱいの幸せが、あなたを待っています。

変化は何度も起こり、そのたびに「自分」になっていく

行き詰まり、これまで適応してきた価値観と反対のことをやってみて、自由になる。この変化は人生で何度も起こります。

1度めの変化よりも2度めのほうが根源的です。

たとえば一度めは「自分にとって意味のある仕事をするようになる」という変化だったのが、2度めの変化では「自分が何に〝意味〟を感じるのかが変わる」といった具合です。1度めの変化を経てたくましくなり、2度めには、より自分の根幹をなす価値観や対処法に向き合えるようになるのです。

1つの価値観を脱出すると、さらに根っこにある価値観に気づく。まるで、お釈迦《しゃか》様の手のひらの上にいるようです。

この繰り返しは、苦難が続くという意味ではありません。変化するたびに味わえる幸せがふえていく。大変さも自由もどちらもわかるから、他者の痛みや喜びがわかるようになる。

変化の道のりは、人間の成熟そのものなのだと思います。

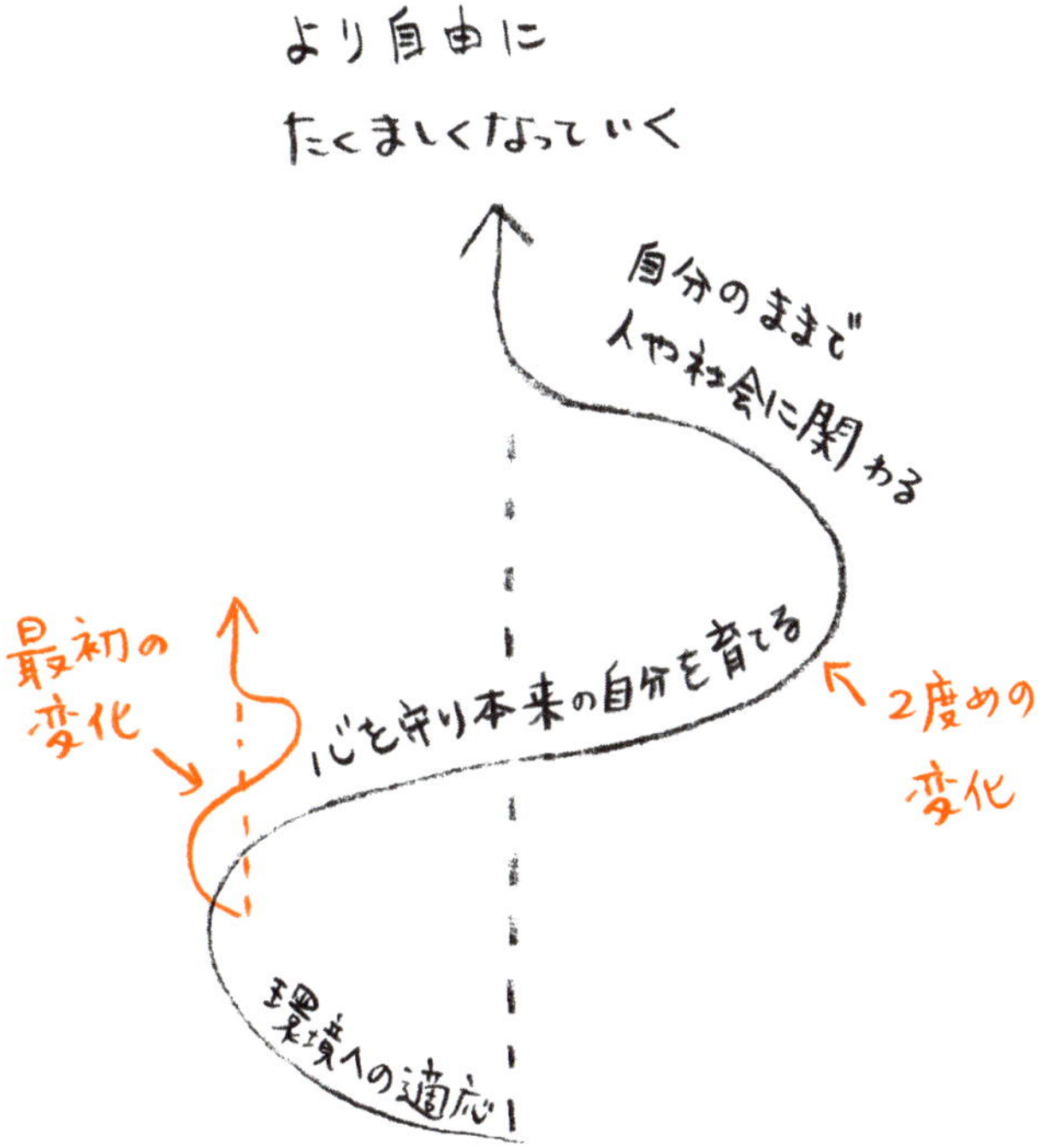
より自由に
たくましくなっていく
自分のままで
人や社会に関わる
最初の
変化
心を守り本来の自分を育てる
2度めの
変化
環境への適応

おわりに

bless your life

ある日の夕方、台所で人参を切った時、ふわりと人参の香りがただよってきて「豊かに生きていける」と思いました。感じる、味わう、心が通じる、深く考えていく……。

幸せは、穏やかな時間にふと湧いてくるあたたかい気持ちそのもののことであり、効率やスピードの中にはないのだと思います。

個人の悩みは、決して個人だけの問題ではありません。たとえば「こうでなければ居場所がない」という思いには、家庭や学校など育った環境の影響があり、そのさらに背後には社会の状態があります。個人の悩みの背景には、社会のひずみがあるのです。

私はかつて会社を休職した時、働けない自分を責めました。休むこと、人や社会の役に立てないことがとても怖かった。育ちの影響もありましたが「なにができるか・役に立つか」で人間をはかる成果主義が、自分の中に浸透しきっていたのです。

何かができてもできなくても、生きている。そのことを、ただ喜びたい。

私自身も本音と感性を大切にすることに取り組み、成果主義から一歩出た時、感じる心が花開きました。

美しい珈琲カップに心が潤い、空に見惚《と》れ、家族と過ごす時間が愛おしい。成果を出すことよりも、幸せを感じられることのほうが、はるかに嬉しいです。

安心して立ち止まれる社会になったらいいなと思います。「心身が動けないからやむをえず」でも「休んだあとに動くため」でもなく、休みたいから休み、遊びたいから遊ぶ。

立ち止まる時間の中で、こんこんと考えたり、自分を見つめ直したり、試行錯誤したりする。人間にはそういう時期が必要なのだということが当たり前になったらいいなと思います。

この本が、読んで下さった方が幸せを求める一助になれば嬉しいです。本当の幸せを大切にする人がふえることで、社会全体が、人間らしさや他者への思いやりを取り戻していくのではないかと思っています。

これまで出会った繊細さんたちに、心からお礼を申し上げます。心とはなにか、人間が生きるってどういうことなのか、本当に多くのことを学ばせていただきました。人間について書を残して下さった諸先輩方、編集者の秋篠さん、イラストレーター片山さん、デザイナー小口さん、そして家族に、心からの感謝を込めて。

参考文献

- 『ささいなことにもすぐに「動揺」してしまうあなたへ。』
エレイン・N・アーロン（著）、冨田香里（訳）／講談社
- 『「普通がいい」という病』泉谷閑示／講談社
- 『ちゃんと泣ける子に育てよう――親には子どもの感情を育てる義務がある』大河原美以／河出書房新社
- 『身体が「ノー」と言うとき――抑圧された感情の代価』
ガボール・マテ（著）、伊藤はるみ（訳）／日本教文社
- 「ララマル　山口由起子オフィシャルブログ」
https://ameblo.jp/yamaguchiyu/
- 『対人関係療法でなおす トラウマ・PTSD　問題と障害の正しい理解から対処法、接し方のポイントまで』水島広子／創元社
- 『ひといちばい敏感な子』
エレイン・N・アーロン（著）、明橋大二（訳）／1万年堂出版
- 『HSCの子育てハッピーアドバイス HSC=ひといちばい敏感な子』
明橋大二（著）、太田知子（イラスト）／1万年堂出版
- 『あなたの人生が変わる対話術』泉谷閑示／講談社
- 『トランジション――人生の転機を活かすために』
ウィリアム・ブリッジズ（著）、倉光修、小林哲郎（訳）／パンローリング
- 『「敏感すぎる自分」を好きになれる本』長沼睦雄／青春出版社

武田友紀（たけだ・ゆき）

HSP専門カウンセラー。自身もHSPである。九州大学工学部卒。大手メーカーで研究開発に従事後、カウンセラーとして独立。日本でHSPの認知度が低かった2015年にHP「繊細の森」を立ち上げ、HSPからの実際の相談をもとに、HSPならではの人間関係や仕事の選び方を発信。HSP気質を大切にしたカウンセリングと適職診断が評判を呼び、日本全国から700名以上のHSPが相談に訪れる。HSPがラクに生きるノウハウをまとめた著書『「気がつきすぎて疲れる」が驚くほどなくなる「繊細さん」の本』（飛鳥新社）が反響を呼び、ラジオやテレビ等に出演、HSPの認知度向上に努める。HSPに関する執筆の他、講演会やトークイベントなども行う。

HP 繊細の森 で検索してください。多数のコラムを掲載中。
https://sensaisan.jp/

イラスト　片山なのあ
ブックデザイン　小口翔平+喜來詩織+三沢稜（tobufune）

繊細さんが「自分のまま」で生きる本
～繊細さは幸せへのコンパス～

2019年12月15日　初版第1刷発行

著 者　武田友紀

©Yuki Takeda 2019, Printed in Japan

発行者　松原淑子
発行所　清流出版株式会社
〒101-0051
東京都千代田区神田神保町3-7-1
電話　03-3288-5405
ホームページ　http://www.seiryupub.co.jp/
編集担当　秋篠貴子
印刷・製本　図書印刷株式会社

乱丁・落丁本はお取替えいたします。　ISBN978-4-86029-491-5

本書のコピー、スキャン、デジタル化などの無断複製は著作権法上での例外を除き禁じられています。本書を代行業者などの第三者に依頼してスキャンやデジタル化することは、個人や家庭内の利用であっても認められていません。